대한민국
부동산 정책의
현주소와
정책 해결책

집값

올리기가 젤
쉬웠어요!

대한민국
부동산 정책의
현주소와
정책 해결책

집값 올리기가 젤 쉬웠어요!

이종인 지음

이담북스

프롤로그 : 집 · 올 · 쉬! 이야기

국민 주거 안정을 위한 정책적 해법

　　주택 시장은 혼란스럽고 국민은 불안하다. 천정부지로 치솟는 집값에 전월세도 덩달아 뛰었다. 스물다섯 차례나 발표된 대책은 하나같이 정부와 국민의 기대와는 정반대 결과를 보였다. 집값을 안정시키고 국민의 안락한 주거를 위한다며 수많은 정책을 쏟아냈지만, 그때마다 주택 시장은 서울과 수도권뿐 아니라 전국의 집값과 전세가를 폭등시켜 국민에게 시름을 안겨주었다. 투기꾼 잡겠다며 수요를 억제하고 대출 제한과 부동산 세금 인상 등의 규제들을 쏟아내는 데 치중한 결과다.

　　사정이 이럼에도 정부는 잘못을 인정하기보다는 시장에 역행하는 정책을 고집했다. 더 많은 규제와 강한 세제를 도입했다. 이른바 '부동산 세법 3종 세트'와 '임대차 3법'을 심의 절차도 없이 밀어붙여 부동산 시장의 혼란을 부추겼다. 문제의 심각성은 무엇보다 집 없는 서민과 1주택 실수요자가 그러한 정책 실패의 가장 큰 희생자가 되고 있다는 점이다.

　　이 책에서는 이러한 막무가내식 부동산 정책의 문제점을 조목조목 짚어 보고, 이를 바탕으로 국민의 안정된 주거를 위한 정책의 방향을 보여주려고 한다. 주위를 돌아보면 정책의 잘못을 들춰내어 지적하는 목소리는 흘러넘치지만 피부에 와 닿는 해법을 고민하는 글들은 그다지 많지 않다. 원론적 방향제시나 구체적 사안에 대한 실무적 대처 위주여서 높은 수준의 독자의 기대에 미치지 못한 경우가 적지 않다. 이 책은 그런 틈새(niche)를 조금이나마 메꾸기 위해 정책적 해법(policy measures)을 제시하는 데 집필의 주안점을 두었다.

이 책이 탄생하기까지는 출판사의 아끼지 않는 노고가 있었다. 시류(時流)를 간파한 감각으로 책의 타이틀이 낙점되었고, 에피소드 제목과 책 속 표현에도 세련미가 덧입혀졌다. 자신의 글과 스타일에 익숙한 저자는 그저 감사할 뿐이다.

수십 편의 스토리 중 두세 편이라도 공감을 얻어 독자의 주거생활에 요긴하게 활용되기를 기대한다. 그래서 우리 헌법이 부여하고 있는 국민의 기본적 권리로서의 주거 행복권이 하루빨리 실현될 수 있기를 기대한다.

2021년 9월 21일 추석 아침에
한강을 굽어보며
이종인 씀

차례

3부 [대책 policy measures] 주거 안정으로의 패러다임 전환

1부

[현상 *status quo*]

치솟은 집값, 전세 대란

Scene 01

은마(銀馬) 집값과
부동산 정책의 명암

집값이 금값이 되었다. 서울의 아파트값이 2015년부터 6년째 오름세를 이어가고 있으며 현 정부 4년간 5억 원 넘게 상승했고, 상승률이 88%에 이른다는 통계가 나왔다. 같은 기간 물가상승률의 8배, 경제성장률의 3배가 넘는 수치다. 서울과 수도권뿐만 아니다. 대전과 세종, 부산, 대구, 광주 등 전국의 대도시 중심으로 집값이 크게 올랐다(<그림 1> 참조).

집값뿐만 아니다. 지난해(2020년) 7월 말 계약갱신청구권과 전월세상한제 등 이른바 '임대차 2법'의 강행으로 전국의 전세가가 크게 오르고 매물도 급감했다. 서울과 수도권의 경우, 월세도 10% 내외로 올랐다.

이러한 집값 폭등과 전월세난의 배경에는 정부의 부동산 실정이 있다. 연이은 실책으로 주택의 수급이 불안정해져 집값을 올리며 거품을 떠받치고 있는 형국이다. 이념에 매몰되어 수요억제에 방점을 두어왔던 정부가 '쇼크 수준'으로 공급을 늘리고 규제를 풀겠다며 25번째로 내놓은 이른바 2.4대책(2021년)도 '공공 부문에서 83만 호 공급'처럼 실현 가능성이 매우 낮은 공염불이 될 공산이 크다.

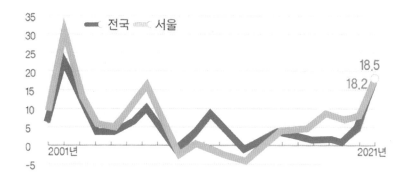

단위 : %, 자료 : KB국민은행

<그림 1> 연간 아파트 가격 변동률 추이(매년 7월 기준)

　그동안 역대 정부를 막론하고 주택 정책은 투기 억제를 위한 규제 강화와 경기 부양을 위한 활성화 대책이 주기적으로 반복됐다. 작금의 주택 문제는 과거의 정치·경제·사회적 여건과의 관련성을 부인할 수 없다. 그러한 여건들은 안정되기보다는 동태적으로 변하는 경우가 많았기 때문에 주택 문제 역시 급변하는 양상을 보여 온 것이다.

　그런데 문재인 좌파 정부는 부동산을 정책의 수단으로 악용(?)한 것이 우파 정부의 전유물인 것처럼 몰아붙이고 있다. 하지만 사실이 아니다.

　좌파 정부의 원조인 김대중 정부에서는 IMF 이후 극심한 경기 침체를 극복하고자 '건설·부동산활성화대책'을 발표(1998. 3. 17.)하고 대대적인 규제 완화 조치로 부동산 시장이 급속히 과열되는 결과를 초래했다. 이어진 노무현 정부에서는 이러한 부동산 시장의 과열을 잠재우기 위해 수요 억제에 초점을 맞춘 초강력 규제책을 연이어 발표하고 추진했다.

그 결과는 참혹했다. 김대중 정부 말기 5억 원대 중반이던 대치동 은마아파트(31평형) 평균가가 노무현 정부 말기인 2007년 말에 10억 원을 넘어섰다. 집값이 5년 만에 두 배 넘게 뜀박질한 것이다. (대치동에 있는 은마아파트는 늘 서울 아파트 가격 변동의 척도 역할을 해 왔다. 4천 세대가 넘는 대단지인 데다가 은마아파트 가격이 오르면 시차를 두고 다른 아파트 가격도 따라 올라가는 모습을 보여 왔으며 가격이 내려갈 때도 마찬가지였다).

노무현 정부의 실패한 부동산 정책은 수많은 후유증을 남겼다. 굳이 사례를 들지 않더라도 요즈음 겪는 주택·주거 문제의 판박이라고 보면 된다. 전국 땅값 상승으로 부동산 투기가 조장되었고, 집값 폭등과 극심한 전월세 부족으로 저소득 서민층의 주거가 피폐해졌다.

그러한 후유증은 오랜 시간이 걸려서야 겨우 진정되었다. 그러나 전국의 주택 가격이 짧은 안정기를 지나 2009년부터 급격히 침체되면서 전세 대란이 이어졌고 수도권과 지방의 양극화 문제가 심화되었다. 서울 아파트 가격의 시금석이 되어 온 은마아파트도 장장 6년간 지속적인 내림세를 이어가 박근혜 정부 초기인 2013년에는 6억 원대까지 추락했다가, 8년째인 2016년 말에서야 다시 10억 원대로 회복했다(<그림 2> 참조).

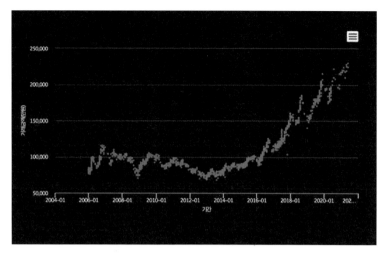

자료 : 국토교통부 실거래가 현황

<그림 2> 대치동 은마아파트 시세변동 추이

　그 후 상황은 굳이 설명하지 않아도 독자들이 더 잘 알 것이다. 현 정부가 주택 물량 공급은 도외시한 채 노무현 정부의 실패한 수요 억제 중심의 정책을 답습하는 바람에 2018년 가을에는 은마아파트가 18억 원까지 급등했고 2002년 여름 이후에는 23억 원대로 치솟았다. 노무현 정부 5년보다 짧은 3년 만에 또다시 2배 가까이 급등한 것이다. 은마(銀馬)가 금마(金馬)로, 다시 금강마(diamond horse)가 된 것이다.

　그렇다면 앞으로는 어떻게 될 것인가. 현 정부가 시장에 반하는 정책을 고집하는 한 (수정할 가능성은 현재로서는 매우 낮아 보인다) 작금의 집값 폭등 양상과 전세난은 계속될 것이다. 하지만 2022년 대선을 정점으로 (과거 노무현 정부의 정책 실패의 후유증이 보여주듯) 상당 기간 집값 하락은 불가피할 것이다. 예상에 불과하지만, 은마(銀馬)의 시세가 4년 전인 10억 원 미만 동마(銅馬)로 회귀할 수도 있을 것이다.

이러한 집값 폭락과 지속적 디플레는 집값 폭등 못지않은 후유증을 유발한다. 전세 대란과 하우스 푸어 등 부동산 시장 자체의 문제뿐 아니라 경제 전반에 적지 않은 부담을 끼친다. 무엇보다 차기 정부에서 취할 부동산·주택 정책의 선택지를 제한할 뿐 아니라 정책의 효과 또한 단기적으로 기대하기 힘들다. 시장의 수급 원리보다는 이념에 치중한 부동산 정책으로 국민 모두가 고통을 받는 현실이 안타깝다.

집값과 전세가 대란
언제부터?

현 정부 초기만 해도 전국적 현상은 아니었다. 지난 2019년 초 우리 경제의 재도약을 위한 프로젝트를 꾸린 적이 있었는데, 당시 저자가 맡은 분야 중 하나가 부동산 정책이었다. 우리 경제의 위기를 알리는 경고음이 줄줄이 이어지는 와중에도 부동산 정책 문제는 선순위가 되지 못했다. 사라지는 일자리와 탈원전 문제, 커지는 빈부 격차와 나라 곳간의 빗장이 허물어지는 위기감, 코로나19 발생 이전이었음에도 억장이 무너지는 자영업과 소상공인들, 수많은 규제 양산으로 추락하는 기업가 정신, 피폐해진 민생과 멀어지는 민심 등이 부동산·주택 문제보다 훨씬 시급한 과제였다.

후순위였지만 부동산 정책 현실에 대한 진단이 필요했다. 몇 달간의 조사와 분석을 통해 도출한 가장 큰 쟁점은 '양극화'와 '거래 절벽'이었다. 서울과 지방 간 아파트 가격 격차가 벌어지고, 수도권과 지방 간의 분양 실적 격차도 크게 확대되었다(<그림 3> 참조). 다주택자에 대한 정부의 규제가 강화될수록 서울과 수도권보다는 지방 주택의 매도가 급증했다. 결과적으로 수도권의 미분양은 사라지는 반면에 지방에서는 오히려 '악성 미분양'이 급증했다.

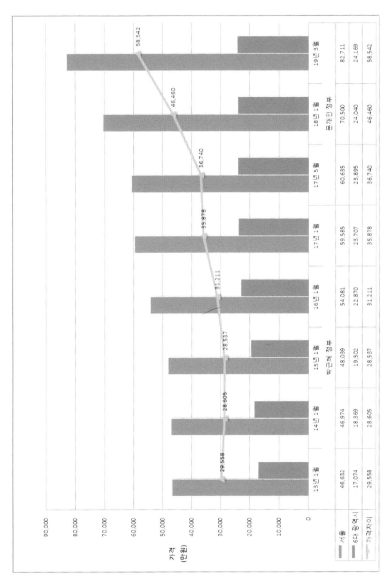

자료 : KB부동산

<그림 3> 서울 - 6대 광역시 간 아파트 중위가격 편차

하지만 2019년 후반기부터 서울과 수도권은 물론이고 전국의 집 값이 들썩이게 된다. 앞서 살펴봤듯이, 대전과 세종, 부산, 대구, 광주 등 대도시 중심으로 전국의 집값이 크게 올랐다.

역대 정부의 집값 추이를 아래 그림에 표시했다. 지금의 집값 폭등에 버금갈 정도로 혼란을 겪은 시기는 노무현 정부다. 특히 서울과 수도권 아파트 시장이 불이 붙어 임기 5년 동안 집값이 두 배 넘게 뛰기도 했는데, 공식적인 아파트값 상승률은 서울이 68.1%, 전국으로는 42.4%에 달했다. 하지만 이어진 이명박 정부와 박근혜 정부에서는 지방은 오름세를 지속한 반면 서울과 수도권은 약보합세를 면치 못했다. 정부에서 발표한 서울의 아파트 매매가격 변동률만 비교해 보면 노무현 정부에서는 17.9%가 올랐던 반면 이명박 정부는 6.6% 곤두박질쳤고 박근혜 정부에서도 1.0% 하락했다.

미국발 금융 위기가 시작되면서 이명박 정부 출범 첫해에만 서울의 아파트값이 2.2%로 내려앉았고 전국적으로도 1.4% 하락했다. 집값 하락세는 박근혜 정부에 들어서도 이어졌으나 당시 사상 초유의 저금리와 각종 규제 완화 정책을 쏟아내면서 주택경기가 서서히 되살아났다. 박근혜 정부 3년 차인 2015년에는 서울 아파트값이 5.6%, 이듬해는 7.5%로 완만한 상승세를 유지했다.

하지만 문재인 정부에 들어와서 양상이 급변했다. 특히 서울의 집값은 천정부지로 뛰어 3년 만에 2배로 폭등한 곳도 많았다. 2020년부터는 수도권은 물론 전국의 아파트값이 들썩이게 되었다(<그림 4> 참조).

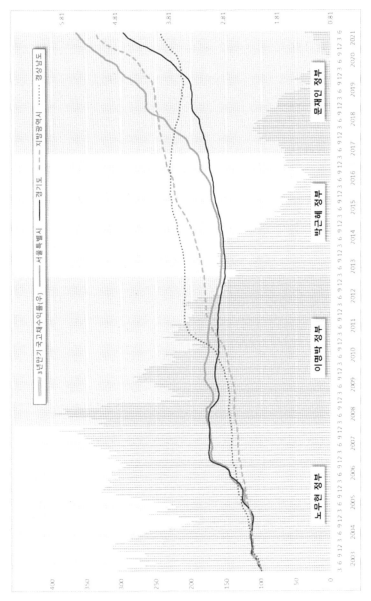

자료 : 한국부동산원

<그림 4> 지역별 아파트 매매 지수

집값에 비하면 전월세는 양호했다. 특히 전세는 오랫동안 약한 오름세를 이어져 왔으며, 문재인 정부에서도 적어도 2020년 7월 말의 '폭거' 이전까지는 수급 상황이 나쁘지 않았다. 집값 급등과 더불어 전세가도 덩달아 상승한 서울과는 달리 경기도와 지방은 안정적인 약보합세를 보여 왔었다. 하지만 전월세상한제와 계약갱신청구권으로 알려진 이른바 임대차 2법이 시행되자 전국의 전세가가 상승 페달을 밟게 되었다.

월세 시장은, 장기적인 저금리와 전세의 월세화 가속으로, 지역별로 수급 상황에 따라 차이가 있기는 하지만, 그나마 안정세를 유지하고 있다.

이러한 집값 폭등과 전세가 대란의 원인에 관해서는 이 책의 전반에 걸쳐 다루고 있다. 마음 같아서는 여기서부터 풀어내고 싶지만 이 책의 전체 구성과 맥락상 다음 2부에서 상세히 다루기로 한다.

누구를 위한 부동산 세금
인상인가?

자고 나면 맞닥치는 새로운 사건들로 웬만한 화젯거리는 밀려나기에 십상이다. 지난해 여름 집중호우와 태풍으로 인한 자연재해도, 해를 넘겨 지속되던 검찰개혁을 둘러싼 秋-尹 갈등도 그랬다. 하지만 코비드19보다도 끈질겨서 수년째 정부·여당의 발목을 잡는 현재진행형 쟁점이 있다. 바로 '부동산 실정(失政)'이다.

25차례의 대책을 쏟아냈음에도 집값 불안은 여전하고 민생에 직결되는 전월세난이 가중되고 있다. 서울과 수도권의 집값 급등으로 지방과의 양극화가 심화되고, 임대차 3법의 졸속 시행에 따른 전세 매물 잠김으로 세입자와 저소득 빈곤층의 피해가 급증했다.

무엇보다도 종부세, 양도소득세, 취득세 등 부동산 세금의 인상·중과로 1주택 실수요자는 물론, 무주택 서민의 고통이 커지고 있다.

현 정부는 주택 수요 억제와 다주택자의 투기 근절을 명분으로 부동산 세금을 줄줄이 인상해 왔다. 8.2대책(2017년), 9.13대책(2018년), 12.16대책(2019년) 등을 통해 추진해 오던 세금 인상과 중과 조치의 결정판은 지난해의 7.10(2020년) 대책이다. 2%던 종부세 최고

세율을 6%로 높이고, 양도소득세를 70%까지, 취득세도 현행의 4배인 12%까지 극히 짧은 시간에 인상한 것이다.

법인세 인상을 포함한 이른바 부동산 세법 3종 세트가 힘을 가진 여당에 의해 제대로 된 심의 절차도 생략한 채 국회를 통과했다. 미국과 일본, 영국과 프랑스 등 선진 외국에서의 세율에 비해 지나치게 높은 수준이다.

이러한 부동산 세금의 인상과 징벌적 중과는 무엇보다 그 부담이 장기임대사업자, 1주택 실수요자, 무주택 서민 등 일반 국민에게로 고스란히 전가된다. 팔기도, 보유하기도, 사기도 어려운 상황에서 매물 잠김 현상과 임대료 상승으로 무주택 서민의 내 집 마련 기회를 박탈하거나 이들의 주거 여건을 악화시키게 된다.

더군다나 지난 이태 동안 급격히 인상된 주택공시가격으로 집 가진 일반 국민의 세 부담이 더욱 커졌다. 공시가격 인상은 재산세뿐 아니라 상속세와 취득세, 소득세, 건강보험료, 기초연금수급대상자 결정 등에 직결되어 특히 은퇴 가구와 고령자에게 심각한 타격이 된다.

이러한 급속한 부동산 세금 인상은 겉으로는 과열된 집값 안정과 투기 억제, 부자를 표적으로 한 핀셋 증세라지만, 실상은 중산층과 서민, 집 가진 국민을 대상으로 한 '보편 증세'이자 '서민 증세'다. 선진국에 비해 재산 과세 비중이 매우 높은 것을 보더라도 공정 과세, 조세 형평과는 괴리된 정책 방향이다.

정부의 밀어붙이기식 부동산 세금 인상에 따른 부담을 국민들도 체감하기 시작했다. 해마다 불어날 세금 앞에 국민의 고통 지수도 더불어 늘 것이다. 늦었지만 지금이라도 부동산 과세를 정상화해야 한다. 1주택 실수요자의 세금을 선진국 수준으로 낮추고 양도세의 일시적 감면을 통해 거래의 활성화를 유도해야 한다. 공시가격 인상 속도를 조절하여 국민의 부담을 덜 필요가 있다. 덧붙여, 선진국처럼 내야 할 세금을 일정 기간 유예할 수 있는 '과세이연제'를 도입해서 거주이전을 해야 하는 1주택 국민뿐 아니라 소득이 없는 은퇴자와 고령자를 보호할 필요가 있다.

Scene 04

꼼수 증세가 된
공시가격 급속 인상

4.7재보선의 부동산 민심에 화들짝 놀란 정부와 여당이 '종부세 완화' 카드를 내놓았다.

종부세 과세 등을 위한 공시가 기준을 기존의 9억 원에서 11억 원으로 상향 조정하는 종부세법이 9월 7일 공포되었다. 그동안 여당에서 공시가 기준을 1가구 1주택자의 경우 12억 원으로 높이는 종부세법과 지방세법 개정안을 발의하고, 1주택자 조세 부담을 줄여준다는 명분으로 재산세 감면을 위한 공시가 기준도 6억 원에서 9억 원으로 높였다. 그동안 정부가 추진해 온 "종부세 현실화는 세금 폭탄이 아니다"라며 야당을 향해 항변했던 정세균 전 총리와 홍남기 부총리도 성난 민심의 역풍을 피해가려는 모양새다.

사실 이러한 고가주택 기준을 현실에 맞게 높이고자 하는 정책 방향은 제1야당인 국민의 힘에서 입법(안) 등을 통해 지속해서 제기되어 온 주장이다.

논란의 발단은 지난해(2020년) 11월 초 정부의 '부동산 공시가 현실화 계획' 발표다. 향후 5~15년에 걸쳐 공시가를 시세의 90%까지 높이기로 확정한 것이다. 해당 로드맵이 처음 적용되는 올해의 경우 공동주택 공시가가 전국적으로 19% 넘게 급증하여 14년 만에 최대 폭의 인상률을 기록했다. 경기도는 24%, 세종은 무려 70%가 넘었다(<그림 5> 참조).

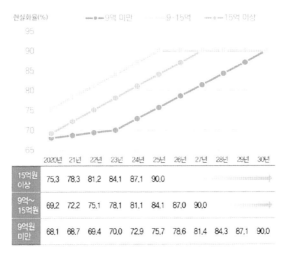

현실화율(%)	2020년	21년	22년	23년	24년	25년	26년	27년	28년	29년	30년
15억원 이상	75.3	78.3	81.2	84.1	87.1	90.0					
9억~15억원	69.2	72.2	75.1	78.1	81.1	84.1	87.0	90.0			
9억원 미만	68.1	68.7	69.4	70.0	72.9	75.7	78.6	81.4	84.3	87.1	90.0

단위 : %, 자료 : 국토연구원

<그림 5> 공동주택 공시가격 현실화율 로드맵

이러한 공시가의 급속 인상은 수많은 부작용을 초래한다. 고가주택 소유자뿐 아니라 집 한 채 가진 서민에게까지 세금 폭탄을 안길 수 있다.

올해 서울 아파트 4채 중 1채가 종부세 대상이다. 이대로라면 9년 뒤 수도권 주택 대부분이 종부세 대상이 된다. 6억 원 미만 1주택자의 재산세 감면 카드로 공시가 급등에 따른 '벼락거지 쇼크'를 피해 가려 하지만 이 또한 떳떳지 못한 '얍샵'으로 보인다. 공시가 시세반영률이 10% 포인트 높아지면 6억 미만 1주택자의 재산세가 지금보다 오히려 많아진다.

무주택 서민도 피해갈 수 없다. 임대차 3법의 강행에 따라 폭등한 전월세가 공시가 급등과 겹치면서 전세 매물이 자취를 감추는 등 세입자들의 고통도 덩달아 커진 것이다.

이뿐만 아니다. 공시가 급증은 부동산 세금과 건강보험료 부담 증가는 물론, 수급 대상 선정 기준을 초과하면서 기초노령연금, 국가장학금 수급 대상 탈락자가 급증할 수 있다. 정기적 고정 수입이 없는 은퇴 가구와 고령자에게는 심각한 타격일 수밖에 없다.

공시가 제도가 올바르게 시행되기 위해서는 작금과 같은 급속한 인상보다는 장기적 관점에서의 단계적 접근이 필요하다. 적정 공시가 (인상) 수준에 대한 사회적 합의 내지 국민적 공감대가 우선되어야 한다. 무엇보다 시세 대비 60~70% 수준인 현재의 공시가를 5~10년 이내에 90%로 일괄 적용하겠다는 목표 자체가 비현실적이고 바람직하지 않다.

부동산 시세는 급등락하거나 장기간 상승 및 하락하는 때도 많으며, 개별 주택의 가격 자체를 정확히 평가하기도 어렵다. 이러한 실정을 고려할 때 목표 공시가는 시가의 80% 수준으로 맞추고, 목표 도달 시기도 5~10년에서 20년 정도로 늦추는 것이 바람직하다. 이 태 간의 급등에 따른 국민의 세금 부담을 줄여주기 위해 한 해 정도는 공시가를 동결하는 것도 필요해 보인다.

집값 따라 치솟은
부동산 중개수수료

길에서 허비하는 출퇴근 시간이 아까워 직장과 가까운 곳으로 이사를 결심했다. 언론의 하이라이트를 받는 전월세난 와중에도 다행히 살던 집과 이사 갈 집의 전세 계약이 순조로워 보였다. 이사 날짜가 서로 맞아 떨어졌고 집값의 영향으로 전세금도 급등했지만 감당할 수 없을 정도는 아니었다. 하지만 암초는 뜻하지 않은 곳에 있었다.

살던 집 전세를 중개해준 부동산에서는 0.4% 수준의 중개수수료만 받겠다고 했다. 6억 원 미만의 전세금에 대한 중개수수료 법정 한도가 0.4%이고, 그 이상은 0.8% 이내에서 의뢰인과 협의하도록 되어 있다는 친절한 설명과 함께. 고마운 마음에 전세금의 0.4% 수준에 약간을 덧붙여 250만 원을 중개수수료로 지불했다.

그런데 이사 갈 아파트를 소개해준 부동산에서는 집주인과 저자를 앞에 놓고 사전 협의도 없이 0.6%의 수수료를 내라 했다. 법적으로 0.8%를 받아야 하는데 배려해 준 것이라며, 이 지역은 다 비슷하다고 했다. 앞서 소개한 고마운(!) 사례도 말했지만 도장 찍힌 계약서를 앞에 놓고 양보의 기미가 없다.

이런 수수료 분쟁은 치솟은 전세금 못지않게 전월세 낭인들을 고통스럽게 한다.

1천만 원 중개 보수 시대

몇 년 전까지만 해도 아파트 전세가가 3억 원을 초과하는 경우가 거의 없었지만, 이제 서울 지역 대부분의 아파트가 5억 원을 넘고 있다. 강남 11개구뿐만 아니라 서민들이 살고 있는 국민주택규모(85㎡)의 전세도 5억 원이 넘는다. 통계를 보니 전국 아파트 평균 전세가는 3억 원이고 경기도는 3억 5천만 원, 서울은 6억 3천만 원이다. 4억 원의 전셋집에 살던 세입자가 과거에는 최고 160만 원의 중개수수료를 부담했지만, 전세가가 올라 6억 원짜리 아파트로 이사할 때는 중개업자가 최고 480만 원을 요구해도 거절하기 어려운 상황이 된 것이다.

서로 협의할 수 있다고는 하지만, 어수룩하거나 몹시 곤궁한 지경의 세입자는 피해를 보기 십상이다.

주택 매매의 경우도 문제가 심각하다. 지난 2014년에 0.9%의 상한요율을 적용받는 고가주택 기준을 6억 원에서 9억 원으로 올렸다. 하지만 지난 수년간의 집값 폭등으로 서울의 경우 아파트 평균 매매가격이 11억 원을 넘어서 사실상 대부분의 아파트가 '고가주택'이 된 셈이다. 11억 원대 아파트를 매매할 경우 중개료로 1천만 원을 내야 하는, 바야흐로 부동산 중개수수료 1천만 원 시대가 도래한 것이다.

일반적이지는 않지만, 강남의 고가 아파트의 경우 중개 보수가 5천만 원이 훌쩍 넘는 경우도 다반사라고 한다. 만일 집을 팔고 사게 되면 중개수수료만 1억 원을 웃돌 수도 있겠다. 지난 5년 동안 서울 공동주택의 중위 매매가격이 75.7% 상승한 반면에 중개수수료는 295.3%나 급등했다는 통계도 있다.

세입자가 집주인보다 더 많은 중개 보수를 부담하는 '중개수수료 역전 현상'도 단순한 문제가 아니다.

매매나 교환의 경우 거래 금액 기준으로 0.4~0.9%인 반면, 전월세는 보증금 규모에 따라 0.3~0.8%의 요율을 적용한다. 앞서 보았듯이 전세는 6억 원이 넘으면 0.8%의 최고요율을 적용받는데 최근에 전세가가 급등하면서 최고요율을 적용받는 고가전세 비중이 크게 늘고 있다. 매매 가격 6억 원~9억 원의 중개수수료는 0.5%인데 6억 원 이상 전세의 중개료는 0.8%여서 세입자가 집주인보다 더 많은 중개수수료를 부담해야 하는 역전 현상이 벌어지고 있는 것이다 (<표 1> 참조).

<표 1> 부동산 중개 보수 요율표(2021년 9월 현재)

거래 내용	거래 금액	상한요율	한도액
매매·교환	5천만 원 미만	0.6%	25만 원
	5천만 원~2억 원 미만	0.5%	80만 원
	2억 원~6억 원 미만	0.4%	-
	6억 원 이상~9억 원 미만	0.5%	
	9억 원 이상	0.9% 이하 (상호 협의)	

거래 내용	거래 금액	상한요율	한도액
전월세	5천만 원 미만	0.5%	20만 원
	5천만 원~1억 원 미만	0.4%	30만 원
	1억 원~3억 원 미만	0.3%	-
	3억 원 이상~6억 원 미만	0.4%	
	6억 원 이상	0.8% 이하 (상호 협의)	

소비자들이 억울한 이유는 따로 있다. 더 많은 복비를 냄에도 중개 서비스의 질은 예전과 별반 차이가 없다는 것이다. 중개 사무실을 방문하거나 전화 한 통화로 의뢰하면 집을 보여주고 중개가 성사되면 만나서 계약금과 함께 계약서를 작성하고 날 잡아서 잔금을 지불하는 단순한 프로세스다. 물론 사안에 따라 여러 복잡한 과정도 거칠 수 있지만, 수백만 원에서 기천만 원의 중개료에 비해서는, 특히 미국 등 외국에 비해서는 서비스의 질과 양이 불만이 아닐 수 없다.

물론 알려진 것처럼 해외에 비해서는 낮은 수준이다. 저자가 거주했던 미국 캘리포니아의 경우 매매 가격(미국은 전세 제도가 없다)의 3.5~5%를 중개 보수로 지급한다. 독일과 영국, 캐나다도 미국과 비슷한 수준이다. 단 주의할 점은 미국, 캐나다, 영국은 집을 파는 측에서 전액 부담하고 매수자는 0원이다.

그런데 이들 나라에서 수수료가 높은 이유가 있다. 결론부터 말하면 신속하고 안전한 부동산 중개 거래를 보장하기 위한 거의 모든 서비스를 중개인이 제공하거나 알선하는 것이다. 대표적인 것이 에스크로(escrow) 서비스다. 중립적인 에스크로 사업자가 매매에 관련된 보증금이나 보증 등에 대항하는 재산과 서류 일체를 거래 종료 시까지 맡아서 안전하게 처리한다. 다시 말해 우리나라의 중개 보수에 더해 법무 관련 비용, 등록 비용, 권원 조사와 보험, 부동산 이전 세금 등을 모두 포함하는 중개서비스 수수료 개념이다.

반년 넘게 검토만 하던 정부 개편안 유감

이러한 문제점들 때문에 개정된 지 7년이나 지난 부동산 중개료 체계를 현실에 맞게 개편해야 한다는 여론이 비등하다. 사실 현재의 중개 수수료 체계는 2015년 4월에 일부 개정되긴 했지만, 지난 1984년에 만들어진 이후 그 틀이 지금까지 유지되어 왔다. 그러다 보니 현실을 반영하지 못하는 문제점이 나타나고 있는 것이다.

다행히 정부에서도 이러한 문제점들을 인식하고 지난 연 초부터 중개 업계와 협의하면서 중개 보수 체계의 개편을 추진해 왔다. 그간 배경 설명도 없이 발표 시기를 수차례 늦춰와 빈축을 샀었는데, 반 년간 지지부진 끌어오던 중개 보수 개편안이 지난 8월 17일에 윤곽이 드러났다. 3가지 중개 보수 개편안이 언론을 통해 유출되었고, 정부에서 토론회 등 논의를 거쳐 3가지 안 중 2안으로 개편하기로 같은 달 20일에 확정되었다(<표 2> 참조).

<표 2> 부동산 중개보수 요율표 개편안

(단위 : %)

거래 내용	거래 금액	현행	1안	2안	3안
매매·교환	2억~6억 원 미만	0.4	0.4	**0.4**	0.4
	6억~9억 원 미만	0.5			0.5
	9억~12억 원 미만	0.9		**0.5**	
	12억~15억 원 미만		0.7	**0.6**	0.7
	15억 원 이상	0.9	0.7	**0.7**	0.7

거래 내용	거래 금액	현행	1안	2안	3안
전월세	2억~3억 원 미만	0.3			0.3
	3억~6억 원 미만	0.4	0.3	0.3	
	6억~9억 원 미만				0.4
	9억~12억 원 미만	0.8		0.4	
	12억~15억 원 미만		0.6	0.5	0.6
	15억 원 이상	0.6		0.6	

　그런데 발표된 내용을 자세히 들여다 보니 황당한 측면이 적지 않다. 전체 거래의 절반 이상을 차지할 6억 원 미만의 경우 기존과 변함이 전혀 없다. 다만 최고요율이 0.9%로 지나치게 높아 소비자의 원성을 샀던 부분(매매 9억 원 이상, 전세 6억 원 이상)은 3개 안 모두 0.7%로 낮춰 고액 거래와 임대차의 경우 현행보다 다소 줄지만, 그다지 큰 폭은 아니다. 한마디로 소비자 단체와 중개업계 양쪽의 이견을 절충하는 어정쩡한 모양새다.

　여러 차례 연구를 거듭했다고 하더니 여전히 개편안의 논리적 근거를 제시하지 못하고 있다. 거래 금액이 커질수록 수수료 절대 금액도 커지지만 요율은 낮춰지는 것이 합리적임에도, 기존 체계와 같이 금액에 따라 요율도 비례적으로 커지는 구조를 탈피하지 못하고 있다.

　지나치게 높은 중개 보수 체계에 대한 주거 소비자의 불만과 생계 문제임을 내세운 공인중개업계의 반발을 어떻게 지혜롭게 무마할 수 있을지 두고 볼 일이다.

Scene 06

전세 대란과
렌트 푸어(rent-poor)

지난해 7월 말 시행된 임대차 2법의 후폭풍이 여전히 거세다. 서울과 수도권뿐 아니라 전국의 전세 가격이 크게 오르고 매물도 급감했다. 계약갱신청구권과 전월세상한제 시행 1년 만에 수도권 아파트 연간 전세 상승률이 26%로, 4% 수준이었던 1년 전과 비교해 6.5배 폭등한 것이다.

전세뿐 아니다. 월세도 서울과 경기도에서 10% 내외로 상승했다. 전국의 전월세 거래량이 3분의 2토막 나고, 서울의 비아파트 전월세 거래량이 40%나 감소했다.

제2의 전월세 대란

법 시행에 따른 부작용은 급증한 집주인과 세입자 간 임대차 분쟁에서도 읽을 수 있다. 법률구조공단에 접수된 임대차법 관련 상담이 법 개정 이전 대비 50% 가까이 급증했다. 임대차 기간과 보증금·월세 증감에 대한 불만이 3배씩이나 늘었고, 특히 실거주를 원하는 집주인과 퇴거를 거부하는 세입자 간 분쟁이 급증했다.

이런 와중에 정부의 부실한 임대차 분쟁 관련 유권 해석과 가이드라인이 혼선과 분쟁을 부추기고 있다.

　이뿐만이 아니다. 치솟은 전월세를 감당할 수 없어 밀려나는 전세 난민이 속출하고 있다. 집주인은 법에도 없는 수천만 원의 위로금까지 지급해야 하고, 세입자는 높아진 전월세에 더해 귀해진 전세 매물로 관리비 명목의 추가 비용까지 떠안는 경우도 발생하고 있다. 서민 주거 안정이라는 제도 도입 취지가 무색할 정도로 당사자 간 갈등과 부담이 급증하면서 불필요한 사회적 비용만 눈덩이처럼 확대되고 있다. 이대로라면 2년의 갱신 청구 종료가 몰려 있는 2023년 전후까지는 전월세가 폭등하는 전월세 대란 내지 대재앙에 직면할 수도 있다.

　이런 엄중한 상황임에도 정부와 정치권은 임대차 2법이 임차인의 주거 안정에 기여하고 있다는 상반된 해석을 내리고 있다. 경제부총리는 "임차인 다수가 (임대차 2법 시행의) 혜택을 누리고 있음을 확인했다"며 자화자찬했다. 민주당 원내대표도 "임대차 계약 갱신율이 법 통과 이전보다 20%나 늘었다"며 법 시행을 자축하고, 심지어 전월세 신규 계약까지 상한제를 적용하는 등 임대차법을 또 손보겠다고 한다.

　하지만 이러한 시각에는 상당한 문제가 있다. 갱신청구권(2+2)과 임대료 상한(5%) 강제로 인해 기존 세입자의 일부는 혜택을 보지만 신규나 주거 이전 세대 등 많은 세입자가 갱신권 행사는 고사하고 임대차 시장에서 내몰리는 전월세 난민 신세가 됐다. 집주인뿐 아니라 세입자도 함께 고통받는 형국이 된 것이다. 정부에 우호적인 맘

카페에서조차 "문재인 정부 이전으로 돌아가고 싶다"는 호소가 이어지고 있다.

전월세상한제와 계약갱신청구권 등 임대차 2법 시행의 폐해와 부작용은 경제원론에 소개될 정도로 전문가들이 이구동성으로 강조하는 부분이다. 서민 주거 안정을 위한다는 정부가 실상은 세입자 주거 안정을 크게 훼손하고 있음을 알아차려야 한다.

임대차 2법의 심각한 부작용은 외면한 채 유리한 통계만 인용하여 국민을 호도하려 하지 말고, 더 늦기 전에 법 시행에 따른 부작용 해소 대책이 마련되어야 한다.

무엇보다도 임대차 주택의 공급 확대와 거래 활성화가 대책의 근간임을 직시할 필요가 있다.

전세 제도의 과거-현재-미래

사실 그동안 전세 제도로 인한 여러 사회적 문제가 생기기도 했다. 지난 1989년에 주택임대차보호법 개정으로 전세 기간이 1년에서 2년으로 늘어남에 따라 그동안에는 낮은 수준이었던 전세금이 폭등하는 이른바 전세 파동을 겪었다.

그 외에도, 90년도 말의 IMF 외환 위기와 2000년대 중반의 노무현 정부 시기에도 급격한 전세가 인상에 따른 전세 파동으로 사회적 어려움이 야기되었다. 당시 높은 전세금 인상을 비관한 자살이 잇따르는 등 큰 사회적 문제가 되기도 했었다. 또한 전세 제도가 역대 정부의 전세 자금 대출 지원 등 정치 여건을 반영한 정책 수단으로 활용되면서 금융 시장을 왜곡했다는 비판도 있었다.

게다가 전세로 인해 집주인이 거래 위험을 세입자에게 전가하거나 세입자의 부도 위험이 적잖이 늘어난 문제도 있었다. 하지만 전세 제도는 그동안 세입자 입장에서 일종의 강제 저축 효과 등의 장점으로 작용한 측면이 많았다. 다시 말해서 전세보증금을 내 집 마련을 위한 종잣돈(key money)으로 활용해서 보증 금액을 차곡차곡 쌓아 내 집을 마련할 수 있었다. 또 초기에는 전세금이 그다지 높지 않아서 큰 부담이 없었고, 월세와 보증부 월세, 그리고 자가 주택에 비해서도 주거 비용이 상대적으로 저렴하다는 장점이 있었다.

전세는 우리나라에만 존재하는 독특한 주거 형태라고 볼 수 있다. 과거 중국에 전권(典權)이라는 우리 전세와 매우 유사한 제도가 있었다. 하지만 국민당 정부에서 사회주의로 체제가 변화되면서 강제적으로 폐지되었다. 그 외에도 역사적으로 남부 프랑스와 스페인 등에서도 흔적을 찾을 수 있고, 미국의 루이지에나 주, 남미의 아르헨티나, 볼리비아의 민법에도 우리의 전세와 비슷한 'Antichresis Leases' 제도가 있다고 알려져 있다.

우리나라에서는 1876년 병자수호조약에 따른 3개 항구 개항과 일본인 거류지 조성, 농촌 인구 이동 등으로 서울 인구가 늘어나면서 지금의 전세 제도가 시작됐다고 보는 것이 타당하다. 공식 기록으로는 1899년 4월에 발행된 황성신문에 '집을 전세했다'는 기사가 있다고 한다.

그 후 전세권은 민법이 만들어지기까지는 관습의 형태로 유지되었으나, 1960년 민법 제정 이후에는 하나의 '전세권'으로 명시되었다. 현행 민법상의 전세 제도는 물권법상 전세권과 채권법상 임차권에 모두 해당하지만, 일반적으로는 관습상 전세인 임차권을 의미한다.

사실 주택의 전세 시스템은 1970년대 이후 관치금융의 여파로 급격히 늘었다. 1975년의 경우 서울 가구 중 월세는 14% 수준인 반면에 전세는 38%가 되었다는 통계가 있다.

당시 정부가 수출기업들에 자금을 인위적으로 할당하였는데, 자금 부족에 시달리던 개인(집주인)은 당시 세입자들로부터 전세 보증금 형태의 자금을 조달하게 된 것이다. 당시 전세 보증금은 사실상 무이자 은행 대출 역할을 했던 것이다.

우리나라 전세 제도가 곧 소멸될 것이라고 보는 전문가들 시각도 없지 않다. 전세 소멸이 과연 거스를 수 없는 시장의 흐름이라고 볼 수 있을까?

길게 보면 그럴 것이다. 다만, 저금리 여건이 유지되고 또 향후 집값이 오르리라는 기대감이 별로 없다는 전제에서다. 하지만 지금과 같이 집값 상승세가 지속되고 있고 또 어느 시점에 금리가 높아지게 된다면 임대주택 공급자인 집주인의 전세 선호도가 높아질 수도 있을 것이다.

그렇더라도 전세 제도는 없어지지는 않겠지만, 지금과 같이 유지되기는 어려울 것이다. 집에 대한 '보유'보다는 '거주' 개념으로 생각이 바뀔 것이며, '소유'보다는 '임차', '대형'보다는 '소형'을 선호하는 경향이 뚜렷해진다. 그렇게 되면 미국이나 일본과 같은 선진국에서 볼 수 있는 민간 임대주택사업이 제자리를 잡게 될 수도 있을 것이다.

전세난의 배경과 무용지물 대책

아이들 교육 문제로 강남을 떠나지 못한다는 한 지인은 요즘의 전세난에 뾰족한 대책이 없냐고 물어왔다. 수도권의 웬만한 아파트 한 채를 살 수 있는 거금의 전세금을 더 올려 달라고 하여 울며 겨자 먹기로 대출받고 융통해서 겨우 해결할 수 있었다 한다. 화장실의 낡은 양변기나 부서진 지 오래된 것 같은 방충망도 세입자가 알아서 고쳐 쓰든지 그냥 살든지 하란다며, 완전히 공급자 위주의 시장이라며 혀를 찼다.

요즘 경제면과 사회면의 주된 쟁점은 '전세난'이다. 신문 지상에는 작금의 전세 대란의 원인이 무엇인지 과거와 어떻게 다른지, 그리고 어떤 대책이 필요한지에 관한 전문가 글과 기획 기사가 자주 오르내린다. 저자도 서민 주택 문제와 해법을 고심해 오던 터라 관심 있게 보고 있지만, 속 시원한 대안이 눈에 띄지 않아 답답하다.

과거 '전세 대란'의 실체는, 이사 철에 급등 조짐을 보였던 전셋값이 비수기인 연말연시가 지나면서도 연속적인 상승세를 이어가, 집값의 절반에서 80% 가까이 뛰어오름으로써 서민 가계의 부담이 크게 느는 형태였다.

여기다가 집주인들이 전세를 반전세나 월세로 바꾸는 바람에 전세 입자 서민 가계의 부담이 크게 늘었고, 더딘 경기 회복과 농산물 가격 파동 등이 겹쳐 서민 가계의 주름살이 더욱더 깊어져 문제가 되었다.

하지만 작금의 이른바 '제2의 전세 대란'의 배경은 이와는 사뭇 다르다.

현 정부가 들어선 후 연이은 부동산 대책 헛발질과 더불어 2020년 7월 말에 마치 군사 작전하듯 밀어붙여 도입된 전월세상한제와 계약갱신청구권 등 이른바 임대차법 개정에 따른 부작용이 그 배경으로 인식되고 있다. 임대차 2법 시행으로 전세 시장의 물량 잠김과 가격 폭등으로 혼란 상태에 빠졌고, 치솟은 전셋값 부담을 견디지 못해 수도권으로, 지방으로 밀려나는 전세 난민이 속출하고 있다.

집값이나 전세가의 오르내림은 일정한 기간을 두고 되풀이되어왔던 것이 사실이다. 이른바 거미집 이론(cobweb theorem)으로 불리는 주택 시장의 수급 불균형이 주된 원인이다.

그러한 수급 불균형의 배경에는 몇 가지 이유가 있다. 그중 하나는 신규 주택과 전세용 임대 주택의 공급 부족에 따른 세입자들의 불안 심리가 촉발되어 앞당겨 전세를 얻으려는 가수요 심리가 많이 늘어난 것도 주된 요인이다. 집주인들이 저금리 추세로 재산 이익이 줄어들자 이를 보전할 요량으로 은행 이자보다 높은 임대 수익이 가능한 월세로 전환하려 하는 점도 전셋값 상승의 원인이 됐다. 물론 앞서 언급했듯이 임대차 2법 시행에 따른 전세 시장의 대혼란도 큰 몫을 했다.

초기엔 별다른 대책이 필요 없다며, 수요 억제, 대출 억제에 치중하던 정부도 지난해 7월 말 임대차법 개정이 기폭제가 되어 전월세 시장이 대혼란에 빠지자 부랴부랴 원인 진단과 대책 마련에 분주했다. LH(한국토지주택공사)와 SH(서울주택도시공사) 주도로 기존의 매입 임대와 공공 전세를 늘리고, 다주택자의 공실을 줄이는 방편도 찾고 있다고 한다. 부총리는 특별 담화까지 발표하면서 국민의 불안 심리에 따른 가수요를 억제해 달라는 주문까지 했다.

하지만 이러한 정부 대책에 대한 전문가들의 공통된 견해는 '즉시적인 효과는 없을 것'이라는 것이다. 오히려 잘못된 원인진단의 문제점이 되레 전월세 난을 키운다는 부정적 견해도 없지 않다.

눈에 띄는 효과가 있는 정책을 보여주고 싶은 점은 정치권과는 입장 차는 있지만, 정부도 마찬가지일 것이다. 문제는 현 시점에서 전월세난을 잠재울 확실한 정책 대안이 마땅치 않다는 점이다. 주택임대차 대책을 포함한 부동산 정책은 어느 정부에서나 뜨거운 감자다. 고심하여 내놓은 정책의 효과는 고사하고 기대와는 정반대 효과로 정책 당국을 당혹스럽게 하는 경우가 종종 있었다.

전셋값을 포함한 전월세 문제는 장기적으로는 시장에 맡기는 것이 현명한 정책이다. 그렇더라도 임대 주택의 시장 수급량, 임대료 등락의 실질적 원인 등에 관한 정보를 적시에 제공하고 시장에서 잘 기능하지 않는 저소득층을 위한 임대 주택의 공급과 임대료 규제와 같은 역할은 정부의 몫이다.

Scene 07

국민의 주거 문제에
눈 귀 닫은 정부

정초 대통령의 신년사(20201년 1월 11일)와 신년 기자회견(같은 달 18일)에서 국민의 주거 문제와 집값 폭등 문제를 외면하거나, 잘못된 인식을 하는 것으로 밝혀져 국민적 공분을 사고 있다.

대통령 신년사와 기자회견 유감

엠바고를 걸어 언론에 배포된 A4용지 9장(343줄, 원고지로는 56장) 분량의 장문의 신년사에서 민생과 직결된 주거·주택문제에 관한 언급은 달랑 3줄(원고지 0.7장)에 불과했다. 스물다섯 차례의 헛발질 정책에 대한 진심 어린 사과 대신에 "낙심이 큰 국민께는" 매우 송구한 마음이라며, 마치 대다수 국민은 그렇지 않다는 뉘앙스를 풍기는 표현이며 실제 표정이었다.

국민이 듣고자 하는 주택난과 주거 문제에 대한 해법은 아예 포기한 것인가? 코로나 신종감염병에 관해서는 도배하다시피 언급하고, 한국판 뉴딜이나 기후변화에 관해서는 지나치게 상세하게 과장해 피력하면서 국민의 민생과 직결되는 주거 문제는 회피하고 있는 이런 몰염치는 해도 해도 너무하다.

작금의 여론 조사에서 집값 급등과 전세가 폭등, 전·월세 시장 붕괴 등 주택·주거 정책 실패에 대한 부정적 여론이 코로나 팬데믹 이슈와 맞먹을 정도로 전 국민의 관심사임에도 이를 회피하고, 마치 딴 나라 이야기인 양 어물쩍 넘어가는 신년사에 놀라움을 금치 못한다.

1주일이 멀다 하고 열린 신년 기자회견은 신년사보다 더 심했다. 부동산 시장 안정화 실패의 원인을 또다시 '~탓'으로 돌렸다. 지금까지는 넘치는 시중 자금과 저금리를 집값 급등의 원인이라고 강변하더니만 이제는 여기에 더해 세대 수 급증이라는 변수를 또 다른 희생물로 삼고 있다. 국민은 다 알고 있는 부동산 정책 실패의 원인을 대통령만 모르고 있는 것 같다.

1인 가구 증가에 따른 세대 수 증가는 지금 정부에서 특이하게 급증한 것이 아니라 10여 년 전부터 점진적으로 진행되어 온 것이다. 1인 세대 증가가 아파트 수요 폭증의 원인이 될 수는 없다. 또한, 유동성과 저금리가 부동산 가격 급등의 주된 원인이 못 된다는 한국은행 총재의 발언 등 전문가의 진단이 이미 나와 있다. 전문가들의 견해와 같은 재개발, 재건축 규제 등 규제 강화, 획일적인 주택담보대출과 전세대출 규제 강화, 다주택자를 겨냥한 부동산 세금 인상과 중과, 무엇보다 그동안의 인허가 축소 등 물량 공급에 대한 무관심 등의 원인을 아직도 인식하지 못하는 것 같다.

국민의 주거·주택 문제를 마치 딴 나라 이야기하듯 하는 신년사와 정책 잘못을 인정하지 않고 '공급을 획기적으로 늘리겠다'면서도 한편으로는 '기존의 수요 억제와 규제 강화, 대출 규제 기조를 바꾸지 않겠다'는 서로 충돌되는 정책을 표방한 신년 기자회견을 볼 때, 대통령과 정부는 국민의 주택·주거 문제에 대한 진정한 해결 의지가 있는 것인지 의심스럽다.

더군다나 가짜 정보로 국민을 호도하고 있다. "지금의 정부가 이전 정부보다 더 많은 주택을 공급해 왔다"는 대통령의 발언에 대해 "현 정부 들어 주택 공급이 역대 최고 수준"이라며 거들어준 국토교통부의 주장(1.19)은 기초적인 사실 관계를 왜곡한 것이다.

지난 3년간(2018~2020년)의 신규 아파트 물량 확대는 이전 정부에서의 인허가 및 건축 물량 증가에 따른 결과일 뿐이다. 문재인 정부에서는 각종 규제를 통해 인허가 물량이 급격히 축소되었다. 2017년에 7만 5천여 채였던 아파트 인허가 물량이 2018년과 그 이듬해에는 3만 5천여 채로 크게 줄어들었고, 2020년에는 금융 위기 직후 수준인 2만 5천여 채로 급격히 줄어든 것이 팩트다. 다시 말해 문재인 정부에서는 신규 아파트 신축 인허가에 몹시 인색했던 것이다. 그런데도, 이전 정부의 공급 프로그램을 마치 자신들의 실적인 것처럼 과대 포장하고, 자신들의 인허가 실적 급감은 감추는 꼼수를 부린 것이다.

사족일 수 있지만, 신년 기자회견에서의 대통령의 어이없는 답변은 부동산·주택 문제에 대한 대통령의 인식 수준을 적나라하게 보여주고 있다. 즉 "30, 40대 맞벌이 부부의 내 집 마련 꿈을 좌절시키고 있는 대출 규제 문제를 어떻게 해소할 것인가?"라는 '브릿지경제' 기자의 질문에 대통령은 "구체적이고 전문적인 부분에 들어가면 답변 드리기 어렵다!"며 회피하는 것도 모자라, "봄철 전세난 문제를 잘 해소하겠다."며 동문서답을 하고 있다.

부동산 정치?! 아니면 무관심!?

문재인 정부의 부동산 정책은 한마디로 '부동산 정치'다. 집값 안정화에는 관심이 없거나 한참 후순위인 것으로 이번 신년사와 신년 기자회견을 통해서도 드러났다. 유주택자와 무주택자 사이의 서로 다른 이해관계를 교묘하게 이용하여 갈등을 조장하여 정치적 이득을 챙기고자 하는 '포퓰리즘'(대중영합주의)의 전형으로 보인다.

대통령과 정부 여당의 최근 발언을 볼 때, 문재인 정부 스스로 기존의 '수요 억제' 위주의 규제 일변도 정책의 실패와 '공급 확대'가 현실적인 대안임을 역설적으로 인정하고 있는 것이다. 집권 초기에 시장의 수요 측면의 정책과 공급 측면의 대책을 균형 있게 추진했더라면 지금과 같은 주택 시장의 불안과 관련 정책의 혼선, 그리고 국민의 극심한 주거 불안을 초래하지 않았을 것이다.

문재인 정부는 지금이라도 부동산 정책의 총체적 실패를 인정하고 국민에게 솔직하게 사과하기 바란다. 그런 의미에서 국토교통부 장관뿐만 아니라 주택·주거 정책을 맡아온 청와대 경제수석을 경질하는 등 민의를 반영한 조치를 신속히 취하기를 바란다. 더불어서, 정부가 시장을 선도하겠다는 오만함을 버리고, 시장의 기능과 조화된 일관성 있는 정책을 마련해서 추진할 것으로 국민의 한 사람으로서 촉구하는 바다.

국민의 부동산 정책 평가는
"F" 학점

얼마 전에 정부의 부동산 정책에 대해 우리 국민이 어떻게 인식하는지 여론을 조사해본 적이 있다. 당시는 스무 번이 넘는 대책들을 쏟아냈음에도 기대했던 집값안정 효과도 없이 수많은 문제점이 지속해서 두드러지던 때였다. 결론부터 얘기하면 우리 국민의 63%는 정부가 부동산 정책을 '잘못하고 있다'고 답해, 잘한다는 응답(30%)의 두 배 정도였다. 당시만 해도 정부의 부동산 정책을 긍정적으로 인식하는 국민도 상당히 있었다는 해석이다.

그러던 것이 최근에는 국민의 80% 가까이가 부정적이고 긍정적 평가는 10%에도 미치지 못한다. 권위 있는 여론 조사 기관인 한국갤럽에서 지난 6월 29일부터 7월 1일까지 조사하여 발표한 자료에서다. 또한, 국민의 60%가 앞으로도 집값이 상승할 것으로 전망했고, 이 때문에 역대 최고치인 79%의 국민이 관련된 불만을 나타내고 있다. 한마디로 대다수 국민이 현 정부의 부동산 정책을 돌이킬 수 없는 정책 실패로 평가하고 있는 것이다.

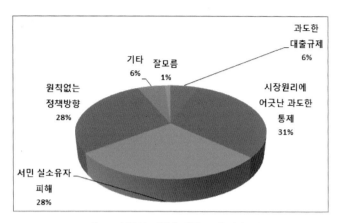

과도한
대출규제
6%

기타 잘모름
6% 1%

원칙없는
정책방향
28%

서민 실소유자
피해
28%

시장원리에
어긋난 과도한
통제
31%

<그림 6> 부동산 정책에 대한 부정 평가 이유

　어떤 점에서 부정적으로 생각하는지 묻는 설문에서는 조사 기관
마다 약간의 차이는 있지만, 응답 내용이 비슷했다. 가장 큰 이유
는 시장 원리에 반하는 정책을 꼽았고 집값 상승 등에 따른 서민
(실소유자)의 피해와 일관성 없이 오락가락하는 정책 방향을 두 번
째와 세 번째로 지적했다. 여기에 더해 시장 원리에 어긋난 규제와
통제, 지나친 부동산 세금과 과도한 대출 규제 등이 다음 순이었다
(<그림 6> 참조).

　직접 수행했던 조사에서 현 정부 부동산 정책의 최대 문제점이 무
엇인지 물어봤는데, '정책의 일관성 부재'가 첫 번째로 꼽혀 상당히
의외였다. 당시엔 과도한 대출 규제와 각종 부동산 세금 등이 문제
점으로 지적됐었는데, 국민의 대다수가 오락가락 원칙 없는 정책에
대해 매우 높은 불만을 가진 것으로 해석할 수 있다.
　그런데 아래 그림(<그림 7>)을 좀 더 들여다보면 주택의 공급 문제가 우선적인 문제라고 인식하고 있음을 읽을 수 있다. 왜냐하면, 그림에서 재개발·재건축 규제(9%) 항목과 그린벨트 해제(5%) 항목도 주택 공급 확대로 해석할 수 있기 때문이다. 이들을 합하면 공급 문제가 32%로 가장 큰 문제점으로 해석될 수 있다.

그런데 부동산 세금에 관한 거부감(17%)은 예상보다는 높지 않았는데, 아마도 국민들이 크게 오른 세금 고지서를 받아보기 이전이어서 실감(!)하지 못했던 배경이었을 것이다. 지난 4.7재보선 결과와 최근 여론 조사를 보면 재산세나 종합부동산세 등 세금 인상이 부정적 평가의 주된 배경임을 알 수 있다.

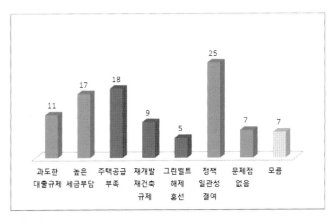

단위 : %

<그림 7> 문재인 정부 부동산 정책의 최대 문제점

이번 조사를 통해 몇 가지 사항을 제대로 확인할 수 있었다. 대부분의 국민이 집이 있든 무주택이든 관계 없이 집값 급등으로 상당한 부담을 느끼고 있다는 점과 집값 상승에 따른 상대적 박탈감이 매우

커졌다는 점이다. 응답자의 절반 이상이 "지인의 부동산 가격 상승에 대해 부럽거나 상대적 박탈감을 느낀다"고 응답했는데, 그중에서도 20~30대와 지방 거주자, 그리고 무주택자와 자영업의 경우가 매우 심한 상대적 박탈감을 호소했다.

이번에 부동산 정책에 관한 여론 조사와 분석을 통해 국민의 생각이 저자의 인식과 거의 일치한다는 점에서 놀랐다. 다시 말해 부동산 정책에 관한 한 이념 성향과 지역, 연령과 직업 군에 관계 없이 비슷하게 평가하고 있다는 것이다. 현 정부의 부동산 정책은 실패했고, (정부가 바뀌지 않는 한) 앞으로도 집값과 전월세 안정을 기대할 수 없다는 것이다. 한마디로 낙제(F학점) 수준이다.

시장 원리를 이해하지 못하고 존중하지도 않는 비합리적 정부에서는 작금의 집값 불안과 전세난을 포함한 총체적인 부동산 문제, 주거 문제 해소가 불가능하다는 것이 대다수 국민의 생각이다.

2부

[진단 *diagnosis*]

집값과 집세 누가 올렸나?

국민의 시선을 외면하는
정치권의 부동산정책관

집권 여당의 의총에서 공개된 '4.7보궐선거 이후 정치 지형 변화에 관한 보고서' 내용이 여론의 주목을 받고 있다. 선거 참패에 결정적 영향을 미친 것이 현 정부의 부동산 실정과 LH(한국토지주택공사) 투기 사태 그리고 여권 인사들의 부동산 논란 등 부동산 정책의 실패라는 것이다.

그런데도 여당은 여전히 자중지란에 빠져 있는 모습이다. 부동산 민심을 수용하여 그동안의 잘못된 정책의 수정과 보완에 착수하겠다며 부동산 특위를 띄우고 각종 규제를 완화해 줄 것 같은 분위기를 조장하더니 당내 강경파와 당원의 반발에 '기존의 부동산 정책 기조를 유지하겠다'며 도로 아미타불이 되는 모양새다. 심지어 스스로 부추긴 집값 폭등과 정책 혼선의 원인을 전 정부 탓, 야당 탓, 심지어 국민의 도덕성 탓으로 돌리는 전형적인 '남 탓 발언'까지 이어져 왔다.

죽비 맞은 듯 정신이 번쩍 들 만한 심판을 받았다고 하면서도 몇 달이 지나도 제대로 된 성과 하나 내놓지 못하고 있다.

그 틈새를 야당이 재빨리 파고들었다. 제1야당은 무주택 서민의 내 집 마련 기회를 늘리고 실거주자의 세 부담을 줄이기 위한 대책을 취사 선택하여 발표했다. 새로운 정책이라기보다는 그동안 야당에서 지속해서 주장해온 여러 정책의 방향과 대책들의 연장 성격으로 보인다. 그렇지만 국민의 시선을 사로잡은 대목은, 여당에서도 추진할 것처럼 보였으나 당내 강경파 등의 반대로 지지부진한 대책들을 야당이 선점했다는 점이다.

1주택 세대 종합부동산세 과세 공시가격 기준을 현행 9억 원에서 12억 원으로 높이는 것에 한발 더 나아가, 1주택 재산세 감액 특례 기준을 여당안(공시가격 9억 원 이하)보다 전향적인 12억 원으로 높여 1주택자의 보유세 부담을 실질적으로 줄여주겠다는 것이다.

이에 더해 청년과 신혼부부 그리고 무주택 서민의 취득세 감면 대상을 확대하고 대출 규제도 낮추겠다는 내용은, 비슷한 대응책들의 시행 여부를 두고 논의가 한없이 길어지고 있는 여당 진영을 당황하게 만들기에 충분하다.

물론 정책의 실행력에서는 비교될 수 없는 집권 여당과 힘없는(!) 야당의 정치 지형이다. 하지만 국민이 부동산 정책에 관한 양 진영의 수정·보완 논의에서 어느 쪽 손을 들어줄지는 분명해 보인다.

보궐선거 결과뿐 아니라 각종 여론 조사에서도 (그리고 이번 여당의 자체 보고서에서조차) 현 정부의 정책 실패가 팩트가 된 마당에 국민이 손가락질하는 정책의 수정과 보완에 주춤거리는 여당의 모습이 못내 아쉽다. 부동산 실정으로 고통받는 국민은 안중에도 없고 친문-비문 간 노선 투쟁, 이념의 선명성 논쟁만 일삼는 실망스러운 모습으로 비칠 수도 있기 때문이다.

국민은 여전히 '민심 실패로 규정한 부동산 정책 모두를 전면 재검토하겠다'던 신임 여당 대표와 지나치게 높아진 국민의 부동산세 부담을 완화하겠다는 여당 부동산특위위원장의 약속에 일말의 기대를 걸고 있다.

부동산 시장은 투기장이며 부동산 소득은 불로소득이라는 이념적 잣대를 거두지 않는 한 주택 문제 해결은 요원해질 것이다. 대통령 선거와 지방 선거를 눈앞에 두고 있는 마당에 득표를 위해서라도 부동산 민심에 거슬리지 않아야 할 것이다.

그대 이름은
대책, 대책, 대책

한 달 넘게 연기만 피웠던 25번째 부동산 대책이 발표된 지도 한참 지났다. 정부와 공기업이 주도해서 5년 내 수도권에 61만 가구, 전국에 83만 가구의 주택 부지를 공급하겠다는 것이 대책의 요지다. '공공주도 3080+, 대도시권 주택 공급 획기적 확대 방안'이란 거창한 작명까지 내세웠다.

25차례 부동산 대책 진단

언론을 통한 홍보성 자화자찬이 점입가경이다. 여당의 원내대표직을 가진 인사는 "부동산 안정화의 종합판"이라 했고, 정책의 책임자인 장관과 부총리는 공급 수준이 "시장의 기대를 뛰어넘어"서 가히 "공급 쇼크 수준"이라 자평했다.

24차례의 연이은 정책 실패 뒤의 대책이니만큼 작금의 집값 급등과 전월세난, 주택 양극화 문제를 해소할 수 있는 대책이려니 기대를 하고 들여다봤다. 하지만, 아무리 봐도 25번째의 헛발질로 보이니 저자의 총기가 흐려진 것일까?(<표 3> 참조).

<표 3> 문재인 정부 부동산 대책 요약

발표 일자(대책명)		주요 내용	정책 방향
2017년	6.19	조정대상지역 확대 및 대출 규제 강화	수요 억제
	8.2	투기지역 투기과열지구 지정 재개발 재건축 규제 강화	수요 억제
	9.5	투기과열지구 확대	수요 억제
	10.24	신 DTI, DSR 도입	수요 억제
	11.29	주거복지 로드맵(공공임대 85만 분양 15만)	공급 확대
	12.13	임대주택 등록 활성화	세제 지원
2018년	7.5	신혼부부·청년 주거 지원	공급 확대
	8.27	수도권 주택 공급 확대	공급 확대
	9.13	조정지역 다주택자 종부세율 인상·중과 다주택자 대출 제한, 양도세 비과세 기준 강화 주택임대사업자 혜택 축소	수요 억제
	9.21	3기 신도시 계획 발표	공급 확대
	12.19	3기 신도시 지정(과천, 계양, 교산, 왕숙)	공급 확대
2019년	1.9	3기 신도시 추가 지정(창릉, 대장)	공급 확대
	4.23	주거종합계획(서민 금융 지원)	금융 지원
	5.7	수도권 주택공급 확대 방안	공급 확대
	8.12	민간택지 분양가상한제 시행	수요 억제
	10.1	부동산사업자 대출 규제 강화	수요 억제
	11.6	민간택지 분양가상한제 적용 지역 지정	수요 억제
	12.16	9억 고가주택 대출 규제, 15억 대출 금지 DSR 한도 하향, 전세대출 규제 강화 보유세 인상, 양도세 강화, 자금 출처 강화	수요 억제
2020년	2.20	12.16대책 보완(경기도권 규제 강화)	수요 억제
	5.6	공공재개발 활성화	공급 확대
	6.17	규제지역 대폭확대, 주택취득자금규제 주택사업자 담보대출 금지 재건축 초과이익환수제 본격 시행	수요 억제
	7.10	다주택자·주택임대사업자 규제 강화	수요 억제
	8.4	유휴지 활용, 공공재건축·재개발 공급	공급 확대
	11.19	규제지역 확대, 전세안정대책	수요 억제
2021년	2.4	공공주도 3080, 대도시권 83만 호 공급 규제 혁신, 개발 이익 공유	공급 확대

25번째 대책의 요지는 비교적 명료하다. 향후 5년 내 '공급쇼크 수준'의 주택 '부지'를 공급하고, 규제를 획기적으로 풀고 절차를 간소화해서 속도감을 높이고, 공공주도 추진으로 얻는 개발 이익을 세입자와 영세상인 등과 공유하겠다는 것이다. 순서대로 저자의 의견을 정리해 본다.

기존의 수요 억제에서 공급 확대로 정책의 방향을 선회한 것은 바람직하다. 하지만 내용을 뜯어보니 기한 내 물량 공급을 약속한 것이 아니라 향후 4년간 '택지를 확보해보겠다'로 읽힌다. 구체적 시점과 지역도 언급하지 않았다. "우수 입지를 발굴하여", "LH, SH 등에 제안하고", "국토부 등의 검토를 거쳐", "토지주 등이 동의하면"과 같은 그저 막연한 '미래형 가정'이 대부분이다.

확정된 주택 사업의 경우에도 착수하여 준공, 입주하는 데 3년 넘게 걸리는데, 택지를 확보하는 데 3~5년이 걸리면 아무리 빨라도 6~8년 이후에나 가능하다는 얘기다.

규제를 완화하고 절차를 간소화해서 추진 속도를 높이겠다는 대책도 환영할 만하다. 부동산 문제를 걱정하는 전문가들이 늘 주장하는 방향이다. 연이은 헛발질 뒤라 매우 아쉽지만, 지금에라도 시장에 기반을 둔 규제 완화 조치를 긍정적으로 평가하고 싶다.

하지만 이마저도 민간을 배척한 반쪽짜리 규제 완화라 실현 가능성에 한계가 있어 보인다. 90% 이상의 주택이 민간에서 공급되고 있는 현실에서 공공 부문에서 83만 호의 물량을 공급하겠다는 것은 현실성이 없다.

공공주도 사업 추진을 위한 단기간의 막대한 예산의 뒷받침 없이는 추진 자체가 불가능하다. 말 그대로 '계획'에 머무르는 아무 말

잔치가 될 가능성이 있다. 더불어서 민간 배제에 따른 공공부문 특혜시비 논란과 형평성, 적법성 문제도 끊이지 않을 것이다.

개발 이익을 공공 부문과 공유하겠다는 대책 역시 일견 그럴듯해 보인다. 세입자와 영세상인, 생활 인프라 확충과 주거 여건 개선에 사용하겠다는 데 반대할 사람이 없다.

하지만 개인의 재산권 행사와의 상충을 피할 수 없다. 공공성 강화를 이유로 개발 이익의 지나친 환수나 공유는 토지주 등의 재산권 침해 등 이해당사자 간 갈등 유발로 사업 추진의 걸림돌이 될 수 있다. 개인의 재산권을 침해하면서까지 '개발 이익의 사유화 억제'라는 이념적 목표를 앞세워 추진하는 사업의 지속성은 시장에서 담보되기 어렵다.

이번 대책에서도 24차례의 실패한 대책의 원인에 대한 진정한 인지와 반성을 찾아볼 수 없다는 점이 많이 아쉽다.

"역대 최고 수준의 주택을 공급"하고 있다며 이전 정부의 과실을 자신의 성과로 포장하고, 작금의 주택 문제의 원인을 "유례없는 초저금리"와 "급격한 가구 수 증가" 탓만 하고 있다. 대통령과 여당 대표까지 국민에게 유감을 표시하고 사과까지 했는데도 말이다.

특히나 서울 등 도심의 민간 재개발·재건축 규제는 그대로 유지한 채 공공주도 택지공급 계획만 나열한 것은 앞서 강조한 막대한 예산 소요와 당사자 간 갈등 문제뿐 아니라 대통령 선거와 지방 선거를 앞둔 정치 환경의 불확실성 등의 측면에서 실현 가능성이 매우 낮아 보인다.

전임 서울시장(박원순)의 경직된 재개발·재건축 규제를 그대로 둔 채 개발의 공공성을 강화하겠다는 신임 국토부 장관의 이념이 이번 대책에 그대로 반영된 듯하다. 재차 강조하지만, 민간의 적극적 참여 없이는 약속한 물량의 공급이 실현되기 어렵다.

덧붙여, 집값의 안정과 전월세난 해소를 위한 공급 대책의 한 축인 거래 활성화 대책이 없다는 점도 상당히 아쉽다. 시장에서의 주택 수급 문제는 신축 물량에 더해 기존 주택의 거래 활성화에 크게 의존하는 것이 시장 원리임에도 이번 대책에서도 이를 무시하고 신축 물량, 그것도 택지 확보 계획만 강조하고 있다.

다만, 정부의 주택 정책이 기존의 강력한 수요 억제에서 공급을 늘리기로 부분적으로나마 전환된 측면은 시장에 긍정적으로 작용할 수 있을 것이다.

대책의 현실화 여부에 따라 주택 시장 안정화에 미치는 효과는 달라질 수 있다. 문제는 대책에 대한 국민의 신뢰다. 스무 번 넘게 속고 실망해 온 국민이 이번에도 희망을 품기는 쉽지 않아 보인다.

노무현 정부 부동산 실정의 판박이

문재인 정부의 부동산 정책은 총체적으로 실패작이다. 전문가들의 진단뿐 아니라 각종 여론 조사가 이를 재확인해준다. 문재인 정부 4년간 부동산 정책에 대해 국민 10명 중 7명 내지 8명이 '잘못했다'고 응답하고 있고 6명 정도는 낙제점을 주었다. '잘했다'고 호평한 경우는 10%에도 미치지 못했다(미디어리서치, 2020.12.22. 등). 25차례의 대책 남발에도 불구하고 집값이 폭등하고 있고 전세난도 점입가경이다.

역대 최악의 부동산 대란을 겪었던 노무현 정부 때보다도 더 나빠진 것이다. 예컨대 서울의 잘 알려진 모 아파트의 경우 노무현 정부 5년 만에 2배 뜀박질했지만, 문재인 정부에서는 3년 만에 2배로 폭등했다. 서울과 경기도, 인천 등 수도권뿐 아니라 지방의 중소도시까지 집값이 급등했다. 더욱이, 지난해 7월 말 임대차 2법(전월세상한제, 계약갱신청구권제)을 강행하면서 전세가가 1년 넘게 상승 릴레이 중이다. 일례로 서울시 전체 수급지수가 최대치인 191.8을 기록했다.

이런 '한 번도 경험해보지 못했던' 놀라운 기록은 한마디로 '정책 실패' 때문이다. 주택 물량 공급은 도외시한 채 노무현 정부의 실패한 수요억제 중심의 정책만을 골라 답습함으로써 부동산 문제를 더욱 악화시킨 결과다.

돌이켜보면, 투기 수요를 잠재운다며 초강력 규제책을 연이어 발표했다. 주택담보·전세대출 규제를 획일적으로 강화하고, 다주택자를 겨냥한다면서 부동산 세금 대폭 인상에도 모자라 중과까지 함으로써 집 한 채 있는 실수요자 부담까지 급증시킨 결과다. 무엇보다 사회 갈등을 조장하는 편 가르기, 이른바 부동산 정치로 저소득층 서민들이 우선적으로 희생양이 되어 고통 받고 있다. (2020년 3/4분기 통계를 보면, 소득 5분위의 소득과 자산은 오히려 증가하지만 1~2분위 저소득층은 크게 줄어들었다).

전문가들이 누차 지적하고 있듯이, 핵심 원인은 이 정부가 주택 물량 공급을 도외시한 점이다. 도심의 거의 유일한 양질의 주택 공급원인 재건축과 재개발을 얼어붙게 만들어버렸기 때문이다. 3기 신도시 등 무분별한 신도시 개발 발표와 더불어, 사전청약 계획의 성급한 발표도 작금의 집값 폭등과 전세 대란의 주된 원인이 되고 있다.

　국토부 장관을 바꾼다고 문제가 해결될까? 신임 장관의 (그간의 행적, 발언 등) 면면을 보면, 시장 원칙을 무시하기는 전 장관보다 더 심할 것이라는 우려가 팽배하다.

　현 정부가 이념에 치중하여 시장에 반하는 정책을 고집하는 한 (수정할 가능성은 현재로서는 매우 낮아 보인다.) 작금의 집값 폭등 양상과 전세난은 계속될 수밖에 없다.

　노무현 정부의 부동산 정책 실패의 후유증이 얼마나 컸었는지 상기해봐야 할 시점이다. 집값 폭등과 전세난, 이어진 하우스 푸어 문제 등으로 수많은 국민이 고통을 받았으며 심지어 극단적 선택을 한 경우도 적지 않았다. 무엇보다, 수년간의 부동산 디플레로 우리 경제에 커다란 부담을 지웠던 기억이 우리를 우울하게 한다.

부동산 세금 올라도
너무 올랐다

　　문재인 정부가 출범한 이래 25차례의 대책 발표에도 불구하고 집값 안정 등 정책 목표 달성에 실패했다. 서울·수도권 집값 급등으로 수도권-지방 간 양극화가 확대되고, 획일적인 대출 규제로 무주택 실수요자 피해가 크게 늘고 있다. 지역 특성을 고려하지 않은 비현실적 공급 대책과 재개발·재건축 옥죄기로 공급 절벽이 심화되고 이른바 패닉 매수의 악순환이 지속되고 있다.

　　무엇보다도 종합부동산세, 양도소득세, 취득세 등 다주택자를 겨냥한 부동산 세금을 인상하고 중과하는 바람에 1주택 실수요자까지 세금 폭탄이 현실화하고 있다. 정부의 투기 수요 억제 대책의 효과는 나타나지 않는 대신 매물 잠김과 수급불균형이 심화하여 집을 가진 국민뿐 아니라 무주택 서민의 경제적 부담까지 가중시키고 있는 형국이다.

얼마만큼 올랐나?

지금의 정부는 주택 수요를 억제하고 다주택자의 투기를 막는다는 명분으로 부동산에 관련된 각종 세금을 인상하고 중과해왔다.

이른바 2017년의 8.2대책과 이듬해의 9.13대책, 그리고 그 이듬해의 12.16대책 등을 통해 다주택자를 타깃으로 한 양도세 중과, 종부세율 인상·중과, 보유세 인상 등의 조처를 해 왔다. 무엇보다 2020년의 7.10대책에서는 종부세의 최고세율을 기존 2.7%에서 6.0%로 크게 높이고, 양도소득세도 기존의 최대 40%에서 70%로, 취득세 최고세율도 4%에서 12%로 가히 징벌적 수준으로 인상했다(<표 4>, <표 5> 참조).

<표 4> 부동산 세율 인상·중과 규제 주요 내용

발표 년도	대책 명칭	주요 내용
2017	8.2대책	- 조정 지역 다주택자 양도세 중과
2018	9.13대책	- 조정 지역 다주택자 종부세율 인상·중과 - 세 부담 상한 150% → 300%로 2배 상향 - 양도세 비과세 기준 강화
2019	12.16대책	- 보유세 인상 및 양도세 강화
2020	6.17대책	- 법인보유 부동산 종부세·양도세 강화
	7.10대책	- 종부세 인상(개인 최고 6.0%, 법인 일괄 6.0%) - 양도소득세 최대 70%, 취득세 최고 12% - 다주택자 보유세 인상

소득세법·법인세법·종부세법 개정안, 이른바 '부동산 세법 3종 세트'가 180여 석을 가진 여당의 힘의 우위로 제대로 된 심의 절차조차 없이 2020년 8월 5일에 국회에서 통과시켜 버린 것이다.

<표 5> 7.10대책에 따라 인상된 취득세 세율

		인상 전	인상 후
개인	1주택	1~3%	1~3%
	2주택		8%
	3주택		12%
	4주택 이상	4%	
법인		1~3%	12%

　　이러한 재산세 인상은 선진 외국에서의 부동산 세율에 비해 지나치게 높은 수준이다. 미국 등 선진국에서의 부유세, 양도소득세, 그리고 취득세에 관한 사항을 정리해 본다.

　　종합부동산세(줄여서 종부세 또는 부유세라고도 부른다) 제도를 시행하는 나라들의 최고 세율은 대부분 1% 내외다. 75%라는 무지막지한 부유세 최고 세율을 부과했던 프랑스조차도 시행한 지 2년 만에 부유세를 폐지했다. 2002년도에 올랑드 프랑스 대통령의 선거 공약에 따라 당선 후 75% 최고 세율의 부유세를 도입했지만, 같은 해 말 대법원에서 "75% 부유세가 위법하다"는 판결을 받게 되었다. 이후 과세 대상을 기존의 개인에서 고용주로 전환하여 위헌 소지를 피해 제도를 강행했지만 기대했던 세수 효과는 없고 고액납세자들의 이른바 프랑스탈출과 국부 유출 등 수많은 문제가 발생해 2015년 1월 말에 그 제도를 폐지해버렸다.

　　미국에서는 우리나라의 종부세에 해당하는 국세 형태의 보유세 세제 자체가 존재하지 않는다. 종부세와 재산세 등 부동산을 가진 사람에게 매년 부과하는 세금을 보유세라고 하는데, 미국의 경우 종부 세제가 없으므로 재산세가 바로 부유세다. 미국은 각 주마다 재산세 실효 세율이 달라 우리나라와 직접적으로 비교하기는 어렵지만, 부부합산 소득공제 등의 혜택을 받으므로 실제 납세액 수준은 우리나라보다 높지 않다고 보면 된다.

<표 6> 한국과 미국의 부동산 과세 체계 비교

		한국	미국
보유세	재산세	0.1~0.4% 4%(고급 별장)	0.27~2.47%
	종부세	1.2~6.0%	0%
양도소득세		6~45% 최대 75%까지 중과	15~20% 중과 없음
취득세		1~3%(1주택) 8~12%(다주택)	0%(100만 달러 미만) 1~2.5%(100만 달러 이상)

양도소득세의 경우도 일본과 영국의 최고세율이 40%로, 75%인 우리나라에 비해 매우 낮은 수준이다.

미국은 이보다 더 낮다. 양도 소득이 50만 달러(약 6억 원)까지는 세금을 면제하고, 그 이상의 차익에 대해서만 과세하며, 이마저도 유예 신청이 가능하여, 주택을 여러 채 보유해도 2년 이상 실거주한 주택(main home)에는 양도소득세 부담이 거의 없다. 1년 이상 장기 보유 자산에 대한 세율은 15~20%이므로 만일 70만 달러(약 8억 4천만 원)의 양도 차익이 생겼다면 2억 4천만 원의 15%인 3,600만 원만 양도세를 내면 된다. 수억 원의 양도소득세를 내야 하는 우리나라보다 턱없이 낮은 수준이다. 또한, 거주용이 아닌 부동산의 경우는 5~15%의 분리과세를 하고 있으며, 다주택자에 대해서도 양도소득세가 중과되지 않는다(<표 6> 참조).

뉴질랜드, 호주, 벨기에 등의 국가에서도 양도소득세가 실질적으로는 없는 것과 같다.

취득세의 경우, 대부분의 선진국은 1% 미만의 낮은 취득세율을 적용한다. 미국의 경우 취득세와 같은 거래세의 부담이 우리나라보다 훨씬 낮다. 100만 달러 미만의 경우 취득세 자체가 없으며, 뉴욕시 등 일부 지역에서 100만 달러 이상의 거래만 1~2.5%의 이른바 고가주택세(mansion tax)를 부과한다.

급속한 세금 인상의 최대 희생자는 저소득 서민

부동산 세금이 크게 오르거나 징벌적으로 중과하게 되면 세금의 일반 원칙인 '조세 형평성'이 무너진다. 이에 더해 그 부담이 장기임대사업자, 1주택 실수요자, 무주택자 등 일반 국민에게로 쉽게 전가된다.

집값의 급등과 공시지가 인상 등이 맞물려 1주택 실수요자의 세금 부담까지 많이 늘고 있다. 팔기도, 보유하기도, 사기도 어려운 상황에서 매물 잠김 현상과 임대료 상승으로 무주택 서민의 내 집 마련 기회가 박탈당하거나 이들의 주거 여건이 되레 악화되고 있는 것이다.

또 다른 피해자는 이른바 주택 장기임대사업자로 등록한 사람들이다. 정부의 적극적인 권장에 충실했던 사람들이 졸지에 다주택자로 내몰리면서 과세 부담이 크게 늘었을 뿐 아니라 투기를 조장하는 사회적 손가락질까지 받게 된 것이다.

이러한 부동산 세금의 급속한 인상과 중과의 최대 희생자는 무엇보다 저소득·서민이다.

지금의 정부는 정치적 이해를 바탕으로 부동산 정책에도 '편 가르기' 프레임을 설정하고 있다는 것이 중론이다. 다주택자, 고가주택 소유자를 투기꾼이나 사회악으로 단정하는 분위기를 조성하고 있다.

다주택자를 겨냥한 세금 인상과 중과로 인해 민간주택임대사업자들이 심한 타격을 받고 있는데, 정작 이들의 75%는 다가구·다주택·오피스텔 소유자이며, 이들의 91%는 6억 미만 주택을 소유한 일반 서민층이다. 이러한 과세 강화는 대출 규제, 임대차 3법 시행 등의 정책들과 맞물려 무주택자의 내 집 마련 기회를 뺏고 있다. 전셋값 급등과 보증부월세 증가 그리고 임차료 인상으로 자기 집 없이 전월세에 의존하는 저소득 서민들의 고통이 가중되는 것이다.

이러한 부동산 과세 강화는 결국 '국민 증세'의 신호탄이다. 표면적으로는 과열된 집값 안정, 부동산 투기 억제, 부자를 표적으로 한 핀셋 증세지만, 결국 중산층·서민, 나아가 집을 가진 국민 전반에 대한 증세로 귀결된다. 이러한 징벌적 과세는 실수요 1주택 국민의 세 부담을 크게 높일 뿐 아니라, 무주택 서민의 내 집 마련의 꿈을 더욱 요원하게 할 공산이 크다.

이와 같은 편 가르기식 '부동산 정치'로 인한 정책 실패의 최대 희생자는 저소득·서민층임을 똑바로 알아차려야 한다.

공정 과세, 과세 형평성과 괴리된 보유세 증세

지난해 7월 말 확정된 '종부세 개편 방안'은 정부가 표방하는 공정·공평 과세와는 거리가 한참 멀어 보인다. 무엇보다, 여러 가지 벌려놓은 선심성 복지·재정 정책의 재원 마련을 위한 전반적 국민 증세로 가기 위한 전략적 방편은 아닐까 의구심마저 든다.

종부세 개편의 골자는 크게 세 가지다. 공정시장가액비율을 현행 80%에서 연 5% 포인트씩 인상하고, 6억 원 초과 주택 및 다주택자의 세율 부담을 늘려 1주택자와 차별하며, 세율 누진도를 강화하는 내용이다.

종부세는 과세의 형평성을 높이고, 부동산 투기를 억제하며, 부족한 지방 재정을 확충하기 위해 2003년 도입되어 시행되어 온 부동산·재산 과세 제도다.

하지만, 이번 개편안은 이러한 종부세의 목적이 맞지 않을 뿐 아니라 정책 추진의 일관성도 상실했다. 고가의 다주택자만을 타깃으로 한 핀셋 증세로 '서민 감세-부자 증세'의 정치적 프레임 설정을 우선시하였다. 더불어서, 당초 제시된 재정 개혁특위 권고안과 정부 개편안 간 엇박자로 정부 정책에 대한 국민의 혼란을 야기했다. 정부 개편안의 경우, 6.13지방선거 후 종부세 과세가 집중되는 지역의 조세 저항과 부정적인 증세 여론을 의식한 선심성 우회 정책으로 변질된 측면이 강하다.

무엇보다도 공정 과세, 과세 형평성과는 괴리된 본말이 뒤바뀐 부동산 세제 개편이다. 사실 우리나라의 보유세와 거래세를 합한 재산 과세 비중은 선진국에 비해서는 상당히 높은 편이다. GDP 대비 재산 과세 비중이 5.8%로써 1.9% 수준인 OECD 회원국 전체 평균보다 3배 이상 높다. 물론 보유세 부분만 보면 한국이 0.8%로 1.1% 수준인 OECD 평균에 비해 다소 낮은 편이다. 하지만 취득세와 양도세 등 거래세 비중은 5~7.5배에 달한다(<표 7> 참조).

<표 7> OECD 주요국의 GDP 대비 재산 과세 비율

단위: %, 2015년도 기준

	보유세	취득세	양도세	합
OECD 평균	1.1	0.4	0.4	1.9
한국	0.8	2.0	3.0	5.8
미국	2.5	0.0	0.9	3.4
일본	1.9	0.3	0.0	2.2
영국	3.1	0.7	0.9	4.7
독일	0.4	0.0	*	*

이번 부동산 세제 개편은 긍정적 효과보다 부정적 효과가 훨씬 커질 것으로 보인다. 실수요자 세 부담 증가 문제를 일정 부분 해소하고, 고가의 다주택자 대상의 핀셋 증세로 조세 저항을 최소화하였다는 주장에도 불구하고, 과세 형평성을 떨어뜨릴 뿐 아니라 지방 부동산 경기 악화, 강남 등 인기 지역 쏠림 현상으로 부동산 가격 안정에는 역효과가 예상된다. 또한, 과도한 규제로 작용해 부동산 시장이 위축될 것이며 경제 전반에도 부정적 영향이 우려된다.

Scene 04

급속한
공시가격 인상

　　최근 몇 년간 각종 세금이나 건강보험료 등을 매길 때 기준으로 삼는 공시가격이 크게 오르고 있다. 공시가격은 정부가 직접 조사하고 산정하여 주택과 토지 등 부동산 가격의 지표가 되는 가격을 말한다. 토지는 전문 감정평가 법인의 검증을 거치는 반면, 아파트와 같은 공동 주택은 한국부동산원(옛 한국감정원)에서 산정한다.

　　정부에서는 앞으로 공시가격을 시세의 90%까지 높이겠다고 한다. 지금의 공시가격 현실화율을 보면 토지는 65%, 단독주택은 54%, 공동주택은 69% 수준인데, 이번 정부의 발표로 모든 공시지가가 시가의 90% 수준으로 오르게 된다. 다만 단기간 급등에 따른 혼란을 줄이기 위해 아파트와 같은 공동 주택은 5~10년, 단독 주택은 7~15년, 토지는 8년에 걸쳐 현실화하겠다는 것이다.

　　지난 한 해 동안만 해도 아파트와 같은 공동 주택은 공시가격이 14.7%나 올랐다. 특히 서울의 경우 17.75%로 인상되어 그 전년도(2019년)의 7.92%에 비해 2배 이상 급등했다. 더욱이 강남구(42.8%), 용산구(39.4%), 마포구(37.3%), 서초구(30.7%) 등은 지난해 대비 4배 넘게 인상되었다.

올해도 마찬가지다. 서울이 **19.9%**로 지난해보다 인상률이 훨씬 높은데, 다른 지역도 마찬가지다. 한 해 평균 **6.82%** 인상되어 2년 연속 물가상승률 등 거시경제지표들에 비해 지나치게 많이 올랐다. '한 번도 경험해 보지 않은' 역대 최대의 공시가격 상승이다(<표 8> 참조).

<표 8> 2021년도 공동주택 공시가 지역별 변동률

연도	전국	서울	부산	대구	인천	광주	대전	울산	세종
2020	5.98	14.73	0.02	-0.01	0.87	0.80	14.03	-1.51	5.76
2021	19.08	19.91	19.67	13.14	13.60	4.76	20.57	18.68	70.68

연도	경기	강원	충북	충남	전북	전남	경북	경남	제주
2020	2.72	-7.01	-4.40	-0.55	-3.65	0.82	-4.43	-3.79	-3.98
2021	23.96	5.18	14.21	9.23	7.40	4.49	6.30	10.15	1.72

세금 폭탄: 제2의 최저임금 포비아

이와 같은 급격한 공시가격 인상은 일차적으로 고가주택 보유자 등 부유층에 세금 폭탄이 된다.

예를 들어 현재 실거래 가격이 30억 원인 강남 아파트 보유세는 5년 후에는 지금의 3배가 넘는 연간 4천만 원이 될 전망이다(다주택자 보유세 부담은 이보다 훨씬 높아져 연간 종부세가 거의 1억 원에 이를 것이라는 계산도 가능하다).

주택 공시가격의 인상은 부유층뿐 아니라 중산층, 일반 국민에게도 상당한 세 부담으로 작용한다. 정부의 방침과는 달리 저가 부동산의 공시가도 덩달아 급등하게 되어 9억 원 미만의 중저가 아파트도 5년 후에는 세금 부담이 1.6배 정도 늘게 된다. 6억 원 미만의 1주택자에게도 (비록 조세 부담을 줄여준다는 명분으로 재산세율을 구간별로 0.0% 포인트씩 인하한다지만) 세금이 늘어날 수밖에 없다. 고가주택 소유자뿐 아니라 집을 가진 서민의 부담까지 가중되는 형국이다.

종합부동산세와는 달리 공시가격 인상은 '보편적 증세', '서민 증세'에 해당한다. 정기적인 수입이 없는 은퇴 가구와 고령자에겐 심각한 타격이 될 수밖에 없다.

이에 더해, 공시가격은 재산세뿐 아니라 상속세, 취득세, 소득세, 건강보험료, 기초연금 수혜자격 탈락 여부 등 수십여 개의 행정 목적으로 활용되고 있다. 제주도에서는 2016년과 2017년간에 공시가격이 급격하게 올라 기초연금수급자의 42%가 심사에서 탈락하여 서민과 노령층의 애로가 커졌다는 뉴스가 있었다. 한마디로, 공시가격이 오르면 납세자의 재정 부담도 더불어서 늘어나는 것이다(<표 9> 참조).

<표 9> 주택공시가격 인상과 연관된 세제 및 행정 분야(예시)

관련 세제 등	산출 방식
재산세	(공시가격×60%)×누진세율(0.1~0.4%)
증여세, 상속세	(공시가격-공제액)×누진세율(10~50%)
취득세	공시가격×4%(3.16%)
양도소득세	취득·양도 시 공시가격 반영

관련 세제 등	산출 방식
종합부동산세	(공시가격-공제액) · 85% · 누진세율(0.5~3.2%)
지역건강보험료	(공시가격×60%)의 등급별 점수×189.7원
피부양자 자격	공시가격 일부 반영
기초연금 자격	소득환산액 산정 시 공시가격 기준

문제투성이 공시가격 제도

우리나라의 부동산 공시가격 제도는 많은 문제점을 안고 있다. 시세를 제대로 반영하지도 못할뿐더러 지역이나 주택 형태, 가격대별로 들쭉날쭉하다. 산정 기준도 현실적이지 못하고 공시 절차가 깜깜이라는 문제도 지적된다. 결과적으로 집값을 왜곡시키게 되는데 이는 작금의 집값 불안과 맞물려 공시가격 제도에 대한 국민의 신뢰가 바닥으로 떨어지고 있다.

먼저 일관성 없는 시세반영률 문제부터 살펴보자.

같거나 인접한 지역임에도 정부에서 발표한 예정공시가격의 평균 상승률 격차가 지나치게 들쭉날쭉하다. 예컨대, 정부에서 발표한 자료에 따르면 압구정동이 108.8% 상승된 반면 인접한 신사동은 59.7%였다. 이태원동에 소재한 주택의 경우는 낮게는 51.5%에서 높게는 76.3%까지 지나치게 큰 상승률 격차를 보인다.

이렇게 되면 인접 지역 내에서 같은 가격대에 거래된 2주택 간 보유세 차이는 적게는 2배에서 최대 6배까지 격차가 벌어지게 된다.

두 번째 문제로는, 공시가격의 산정과 평가 절차가 깜깜이라는 점이다.

정부는 최근 6년간의 공시가격의 조사·산정·평가 방식과 근거 자료를 공개하지 않고 있다. 심지어 정부가 세 부담 수준을 관리하기 위한 도구로 활용해왔다는 비판도 받고 있다.

아파트와 빌라 같은 공동 주택의 경우 문제가 심각하다. 한국부동산원은 부동산 가격을 산정할 때 대량산정모형을 쓴다. 표본이 되는 주택의 가격이 정해지면, 나머지 주택들은 면적과 층수 등 변수를 입력해 자동으로 가격이 매겨지는 구조다. 그런데 그 과정 자체가 비공개여서 어떤 데이터를 활용해서 가격을 정하는지, 시세를 얼마나 반영하는지, 산정된 가격이 적정한지 등을 판단할 정보가 없다. 그러다 보니 정부에서 발표하는 공시가격이 현실과는 동떨어질 수밖에 없다고 전문가들은 지적한다.

세 번째는 공시가격 급등으로 보유세가 크게 오르자 관련 민원도 급증하고 있다는 점이다.

고정 수입 없이 집 하나가 전 재산인 은퇴 가구의 경우 크게 오른 보유세로 경제 생활의 어려움이 가중되고 있다. 서울 강남권의 경우 부동산 보유세가 현행법상 상한선(1주택자는 50%이고 3주택자는 200%다)까지 인상되는 사례가 빈발하고 있다. 이에 강남, 서초, 마포, 성동, 동작, 종로 등 서울 지역 6개 자치구에서 주택공시가격 급속 인상에 이의를 제기하기도 했다. 또한, 지역 주민의 이의 신청 문의가 폭주함에 따라, 국토부에 표준 단독주택 공시가격 재조사를 지자체가 직접 요구하기도 했다.

또 다른 문제는 공시가격의 산정 과정에서 정치적 논리 등에 따른 공정성과 객관성을 훼손할 수 있다는 점이다.

실제로 국토부에서 감정평가사업계에 공시가격 가이드 라인을 제시하는 등 지나치게 개입했다는 구설수가 언론에 소개되기도 했다. 연초 몇몇 신문 기사에 따르면, 국토부 담당 공무원은 한국감정원 지가공시협의회 회의에서 조사·평가를 의뢰받은 감정평가사들에게 고가 토지에 대해 공시지가 인상을 요구하는 등 사실상 지침을 제시한 것으로 밝혀졌다.

공시가격은 부동산 정책의 기초 데이터이며, 따라서 정치적 논리와 이념과는 독립된 일관된 원칙이 지켜져야 한다. 같은 시기에 국회에서는 부동산 공시가격 평가·산정에 정부의 개입을 차단하는 '부동산가격 공시에 관한 법률' 개정안이 발의되기도 했다.

Scene 05

임대차 2법發
전월세 대란

　　서울과 수도권 전세 시장의 불안이 심상치 않다. 지난해 7월 말 전월세상한제와 계약갱신청구권 등 임대차 2법 시행 이후 오르기 시작한 전세가가 올해 초까지 급등하더니 지금까지도 상승세가 꺾이지 않고 있다.

전월세 대란의 현주소

　서울과 경기, 인천 등 수도권 아파트 전세가가 3년 반 전 매매 가격과 비슷한 수준까지 치솟았다. 한국부동산원에 따르면 전세가가 7월 말~8월 초 2주간 연속으로 0.28%의 상승률을 기록하여 2015년 4월 이후 6년 만에 가장 높은 상승률을 기록했다.

　서울과 수도권뿐 아니라 전국의 주요 도시 전세 가격도 지난해 7월 이후 크게 오르고 있다. 5대 광역시 모두 상승세를 이어가고 있다(대구(0.95%), 대전(0.95%), 울산(0.44%), 부산(0.41%), 광주(0.11%)).

　실제로 임대차 2법이 시행된 지난해 7월 이후 올해 6월까지 서울 아파트 평균 전세가는 25%나 올랐다. 그런데 문제가 또 있다. 전세

입자가 계약갱신권을 사용하는 경우와 그렇지 않은 경우 전세 가격
이 천차만별이란 점이다. 갱신 계약을 제외하고 신규 계약의 평균
전세가 상승률만 보면 자그마치 50%나 급등했을 것으로 분석된다
(<그림 8> 참조).

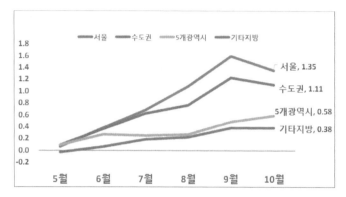

자료: KB국민은행, 월간KB 주택가격 동향

<그림 8> 지역별 주택 전세가격 월간 증감률(%)

매매 가격에 대비한 전세가 비율을 의미하는 '전세가율'도 지난해
7월 말 임대차 3법 시행 이후 오름세로 전환되었다. 서울의 경우
2016년 6월 이후 지속적으로 하락해 오던 아파트 전세가율이 지난
해 연말까지 5달 연속 상승세를 보였다. 그 후 높은 집값 상승률에
기인하여 횡보하고 있으며, 2021년 8월 61.2%를 보이고 있다.

집값 상승기임에도 불구하고 이처럼 전세가율이 높은 수준을 보
이는 주된 요인은 집값 폭등에 버금하는 최근의 전세가 상승이며,
수도권 전세 물건의 월세 전환에 따른 순수 전세의 품귀 현상이 가
중된 것도 그 배경 중 하나다(<표 10> 참조).

<표 10> 서울 아파트 전세가율 추이(2020~2021, %)

자료: KB국민은행

9월	10월	11월	12월	1월	2월	3월	4월	5월	6월
53.6	54.2	55.5	56.1	65.2	58.5	58.5	58.4	58.3	58.2

지난해 7월 이후 전세가 급등에 따른 전세가율 상승으로 일부 지역에서는 갭투자 현상이 다시 나타나고 있다. 강화된 규제와 세금 인상·중과 등으로 확산 가능성은 높지 않지만, 전세가 상승이 장기화될 경우 갭투자 광풍이 재연되어 집값이 다시 오르는 악순환으로 작용할 가능성도 있다.

한편 지난 8월의 전국 전세수급지수는 191.1로, 동 지표를 시작한 2000년 1월 이후 최고치를 기록했다(전세수급지수는 전세수요 대비 공급물량 수준을 부동산공인중개사 대상으로 조사하는 KB국민은행의 월간 지표로, 수치가 100 이상이면 공급부족, 이하면 수요 부족을 의미한다).

서울의 경우 5년 만의 최대치인 184.78이며 경기, 인천 등 수도권과 지방의 경우도 서울과 비슷한 수급불균형 상황을 보여주고 있다(<표 11> 참조).

<表 11> 지역별 전세수급지수(2021.8.)

자료: KB국민은행

충북	인천	충남	대전	울산	전북	서울	경남
194.1	193.7	188.8	188.0	186.4	186.0	184.7	183.4
경북	강원	대구	전남	제주	경기	부산	광주
182.7	181.9	180.2	179.7	177.3	175.7	170.9	167.6

서울의 전세가가 급등하자 외곽 지역이나 지방으로 눈을 돌리는 전세 난민도 늘고 있다. 실제로 서울시 자료에 따르면 주거 문제로 서울을 떠난 사람은 문재인 정부 출범 이후 4년간 32만 명인데, 이는 직전 4년간(28만 명)에 비해 4만 명 넘게 늘어난 수치다.

이러한 전세 난민 현상이 밀려난 임차인들이 이동하는 지역의 전세가와 집값까지 올리는 효과가 있다는 연구 결과도 있다. 실제로 경기도로 이동하는 전세 난민이 늘면서 고양시, 김포시, 의정부시, 남양주시 등 경기 아파트값이 큰 폭으로 뛰었다.

전월세난의 원인

최근의 전세가격 급등 행보는 주택 시장의 일반 공식을 한참 벗어난 기현상이다.

경기적 요인과 구조적 요인을 무시할 수 없지만, 전월세 대란의 가장 큰 요인은 전세 시장의 수급불균형에 있다. 문제의 심각성은, 그러한 수급불균형이 대부분 임대차 2법의 시행, 부동산 과세 강화, 대출 규제, 분양가 상한제 등 정부의 정책에 기인하고 있다는 점이다.

전세가 급등의 핵심 배경은 임대차 2법(계약갱신청구권·전월세 상한제) 시행에 따른 전세 매물 급감에 있다.

지난해 7월 말에 개정된 주택임대차보호법 시행 직후에 전세수급 지수가 급등함을 전세수급지수의 월간 추이를 통해서도 확인할 수 있다. 임대차 2법 시행 전인 7월의 경우 169.2에 불과했던 전국의 전세수급지수가 8월에는 180.5로, 9월에는 187.0, 이어 10월에는 191.1까지 높아졌다. 서울의 경우도 7월에 174.6이었는데, 10월에는 191.8로 급증했다(<그림 9> 참조).

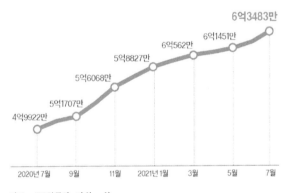

자료 : KB부동산, 단위 : 원

<그림 9> 임대차 2법 시행 후 서울 아파트 평균 전세가 추이

서울과 수도권의 경우 분양가상한제가 본격적으로 적용되었는데, 그로 인해 신규 분양이 급감하였고, 임대차 2법의 시행과 맞물려 전세난을 더 심화시킨 것으로 보인다. 예를 들어, 지난해 9월 한 달간 전국의 아파트 분양 실적은 2만 6천여 가구로 전년 동월에 비해 19.3% 증가하였지만, 수도권의 경우는 9천여 가구로 전년에 비해

8.8% 감소했으며, 특히 서울은 165가구에 불과하여 91.5%나 감소했다(국토교통부).

정부의 7.10대책 등에 따른 부동산 과세 강화와 6.17대책에 따른 대출 규제 강화도 최근의 전세난에 일조하고 있다. 양도소득세를 줄이기 위한 거주 의무, 담보대출 관련 거주 의무, 재건축 주택에 대한 2년 실거주 거주 요건(이 규제는 올해 7월에 느닷없이 백지화됐다.) 등으로 서울과 수도권의 전세 주택이 줄고 있는 것이다.

사상 초유의 저금리 지속과 거시 경제적 여건 악화에 따른 임대인의 월세 선호 현상도 임대차 2법의 시행과 맞물려 전세 매물 감소에 일조한 것으로 보인다.

저금리에 따라 전세의 월세 전환이 빨라지고, 임대차 2법으로 임대차 재계약 건수가 늘면서 전세 매물이 급감한 것이다. 다시 말해, 기존의 전세입자는 여전히 전세임차를 원하는 반면에 집주인은 저금리 시대의 수익성을 위해 월세를 선호하게 된 것이다.

고령화 등 구조적 요인도 전월세난에 일조한 측면이 있다.

1인 가구의 증가 추세가 지속되고 있을 뿐 아니라 고령화에 따라 소득 대비 주거비 부담 비율이 높은 계층이 크게 증가한 점도 전세 수요를 압박한 요인 중 하나다.

주택에 대한 개념이 '보유'에서 '거주'로 전환되면서 양질의 임대주택을 선호하는 경향이 있는데, 임차인들은 높은 전월세를 부담하고서도 준공한 지 10년이 되지 않은 비교적 깨끗한 신축 주택을 선호하는 추세다.

Scene 06

잘못된 통계와
부동산 정책 실패

'17% 대 93%', 지난 6월 말에 불거졌던 진실 공방이다. 한 시민 단체가 민간의 통계인 KB주택가격동향 조사를 근거로 현 정부 4년간 서울의 아파트값이 93%나 상승했다면서 17.17%에 불과하다는 정부 통계가 비현실적으로 왜곡됐다고 지적했다.

그동안 정부에서 발표하는 부동산 통계 부실에 관한 논란이 끊임없이 이어져 왔다. 거의 모든 주택 관련 통계에서 정부 집계치가 민간 집계치보다 턱없이 낮았다. 서울 아파트 평균 매매가가 민간(KB)은 11억 4,283만 원인 반면, 정부(한국부동산원)는 9억 2,813만 원으로 2억 원 넘게 격차를 보였다. 전세가 역시 6억 2,678만 원인 민간 통계에 비해 정부 통계는 4억 9,834만 원으로 1억 원 넘게 낮게 집계됐다.

서울뿐 아니라 전국의 집값 상승률 통계 등도 정부 통계가 민간 통계에 비해 지나치게 낮은 수준의 집계치를 보였다. 민간의 통계와 비교해볼 때 정부에서 사용하는 통계가 시장 상황을 제대로 반영하지 못한다는 지적을 받아 왔다.

그러다 보니 정부에서 의도적으로 집값 상승 폭을 축소하거나 입맛에 맞는 통계만 활용하는 이른바 통계 조작이 아니냐는 의혹까지 제기되기도 했다. 하지만 전문가들은 무엇보다 절대적으로 부족한 표본 수와 과학적이지 못한 표집 문제를 엉터리 정부 통계의 주된 배경이라 지적했다.

아니다 다를까, 최근 한국부동산원에서 수행한 7월 집값 변동 조사에서 표본 수를 배 가까이 늘리고 아파트 비중이 높은 현실에 맞춰 표본 대상을 보정했더니 서울의 집값이 민간에서 조사하는 집값 수준으로 껑충 뛰었다. 월간 조사 표본을 기존 2만 8,360가구에서 4만 6,170가구로 늘리고 이 중 아파트 비중을 기존의 2배 수준인 3만 5,000가구로 늘렸던 것이다. 그랬더니 지난 3~6월 넉 달간 인상 폭이 2천만 원 수준에 불과했던 서울의 평균 집값이 7월 한 달에만 2억 원이나 올랐다는 황당한 결과가 도출된 것이다. 이런저런 변명이 나오고 있지만 한마디로, 정부가 발표해 온 지금까지의 집값 통계가 엉터리였음을 스스로 자인한 꼴이 되었다.

문제는 그동안 정부가 민간 통계를 애써 무시하고 기존의 한국부동산원 집값 동향 조사 통계만을 기준으로 주택·주거정책을 추진해 왔다는 데 있다. 정부 통계와 민간 통계 등 다양한 자료를 정책 입안에 고루 반영하는 것이 상식임에도 정부는 입맛에 맞는 통계만 고집한 꼴이 되었다. 집값 통계뿐 아니다. 주택보급률과 거래량, 실거래가, 미분양 현황, 멸실 주택 수, 거래 건수 등 매주, 매월 단위로 쏟아지는 부동산에 관련된 기초 통계도 현실을 제대로 반영하지 못하는 등 문제가 여전하다는 지적이다.

통계가 부실하다 보니 주택의 수급과 가격에 관한 정확한 진단이 될 수가 없어 시장을 왜곡하게 되는 부작용이 생기고, 그러다 보니 주먹구구식 정책이 양산되는 결과를 초래한다. 시장을 제대로 반영하지 못하는 엉터리 통계를 바탕으로 추진해 온 부동산 정책이니 실패하지 않으면 오히려 이상할 정도다.

한참 늦었지만, 이제라도 통계의 기본에 맞춰가는 것은 그나마 다행이다. 부동산 정책이 제대로 되려면 정확한 현실 진단을 위한 통계가 무엇보다 중요하다. 표본 수와 표본 중의 아파트 비중을 늘리는 데만 그칠 것이 아니라, 부동산 기초 통계의 품질 개선과 통계생산시스템 정비를 통해 현실에 맞는 통계 산출을 위한 노력을 경주해야 한다.

더불어서, 현실과 동떨어진 지난 4년간의 집값 통계는 민간의 통계를 빌리더라도 제대로 보정시켜 놓아야 한다. 그래야만 말도 많고 탈도 많은 부동산 정책이 어디서부터 잘못되었는지 제대로 진단해 볼 수 있고 또 향후 그와 같은 정책 실패를 되풀이하지 않을 수 있기 때문이다. 정부도 이제는 '4년간 서울 집값 상승률 17.17%'라는 웃을 수도 없는 아집을 내려놓을 때가 되었다.

유력 대권 후보의
황당 '기본주택' 공약

　　"실거주 주택은 더 보호하되 투기용 주택의 세금과 금융 제한을 강화하고, 적정한 분양주택 공급, 그리고 충분한 기본주택 공급으로 더 이상 집 문제로 고통받지 않게 하겠습니다." 이달 초 여당의 유력한 대권 후보가 당내 후보경선 출마 선언을 하면서 언론에 배포한 280줄, 4,400자의 출마 선언문 중 주택과 주거 문제에 관한 언급은 딱 한 문장이었다.

　　그 중에서 눈에 띄는 부분은 '충분한 기본주택 공급'인데, 이른바 장기공공임대주택을 직업도 소득도 연령도 묻지도 따지지도 않고 배급(공급)하거나 소유토록 해 주겠다는 것이다.

　　이것이 과연 가당키나 한 것일까? 몹시도 궁금하여 관련 정보를 탐색해보았다. 구체적인 내용이 무엇인지는 눈을 씻고 봐도 찾을 수가 없지만, 이른바 이재명 표 '기본주택' 모델은 대강 3가지 형태로 요약된다. 무주택자에게는 누구에게나 30년 이상 거주할 수 있는 장기임대형 기본주택을 제공하고, 공공 토지 위에 건물만 무주택자가 분양받아 소유할 수 있도록 하며, 고위공직자는 필수 부동산 외 소유 자체를 금지하는 이른바 백지신탁제를 도입하겠다는 것이 핵심이다.

모든 국민에게 동일하게 최소 생활비를 지급하겠다는 '기본소득'을 주창해서 재미를 보더니, 누구나 일정 금액 이하에 대해서는 낮은 금리로 장기 대출을 받을 수 있게 하는 '기본대출'에 더해, 이번에는 이러한 '기본주택'까지 3개의 기본 정책을 시리즈로 홍보하고 있다.

나름의 분석을 통해 저자가 내린 결론은 실현 가능성이 매우 낮은 '황당 기본 시리즈'다. 무엇보다도 중산층을 포함한 집 없는 모든 국민에게 제공할 충분한 공급 자체가 불가능하다. 사회주의 국가에서 배급제 주택의 태부족과 슬럼화의 한 장면을 떠올리게 한다. 직업과 소득, 연령에 관계 없이 주택을 제공하겠다는 것은 또 무슨 궤변인가? 억대 연봉의 고소득자에게도 20대의 사회초년생도 누구나 원하면 '배급'하겠다는 것인가?

이와 같은 좋은 조건의 기본주택이라면 그 수요가 급증할 것이며 어쩔 수 없이 배분 방식의 문제에 직면하게 된다. 이른바 줄 세우기, 선착순, 점수제 등이 가능할 수 있겠지만 이러한 방식들은 사회주의나 공산주의 국가에서 일상이 되어 왔듯이 자유민주주의 국가 체제와 조화될 수 없다. 급증한 수요로 인해 임대료나 분양 가격의 상승이 불가피함에도 이를 통째로 무시하거나 억제하게 되면 시장 원칙이 무너지고 결국 시장 경제의 전반적 시스템이 제대로 작동될 수 없다.

분양형 기본주택도 황당하긴 매일반이다. 변창흠 표 토지임대부

주택에 다름 아닌데 이미 2007년에 시도했다가 실패한 전력이 있고, 근래 이에 대한 국민의 여론도 시큰둥했었다. 중국식 사회주의가 아닌 자유민주주의 국가에서 거주이전의 자유나 부동산 매매가 제한되는 것을 선호할 국민이 많지는 않을 것이다.

후보가 주창하는 기본주택은 기존의 장기공공임대주택과 별반 차이가 없다. 그럼에도 마치 기본주택이란 포장재를 덧씌워서 국민들로 하여금 누구나 원하는 고품질의 주택에서 거주할 수 있을 것으로 착각토록 하는 것은 한마디로 혹세무민이다.

주택의 수요·공급 시장 생태계를 인정하지 않는 사회주의 이념에 따른 주택·주거 정책 내지 경제 정책이다. 마차가 말을 끄는 앞뒤가 뒤바뀐 궤변에 불과하며, 결국 국민의 혈세 주도 주택배급 정책으로써 현 정부 소주성(소득주도성장)의 제2탄이라 부를 만하다.

후보가 말하는 '기본주택'은 모든 국민이 아니라, 저소득 주거 빈곤층을 위한 주거복지 정책의 일환으로 추진되는 것이 바람직하며, 주택·주거 정책은 시장의 원리를 기본으로 하여 이러한 주거복지 정책과 조화롭게 추진하면 될 것이다.

무엇보다도, 지속적인 주택 공급으로 수급의 불균형을 줄여가고, 합리적 세정과 규제 완화로 꽉 잠겨 있는 주택 거래를 활성화할 필요가 있다. 더불어서 정책의 일관성과 지속성을 유지함으로써 시장에서의 예측 가능성을 높여야만 작금의 주택·주거 문제가 해소될 수 있을 것이다.

엇박자 공공임대, 주택 정책과
복지 정책을 혼동하는 정부

얼마 전 정부에서는 지난 4년간 전국적으로 50만 가구의 공공임대주택을 지어서 공급했다고 발표했다. 그러면서, 연간으로는 11만 호를 공급했던 노무현 정부와 비슷한 성과이며, 9만 호와 6만 호에 그친 이명박 정부와 박근혜 정부에 비해 월등히 많은 물량이라며 자랑했다.

틀린 말은 아니다. 현 정부는 무주택 서민의 주거 안정을 목표로 공공임대 확충을 대표적 부동산 정책 공약으로 내세웠으며 결과적으로 2017년에 135만 가구였던 공공임대 누적 가구 수가 올해 안으로 185만 가구 달성이 가능할 것으로 보인다. "OECD 국가 중 9위로 상위권"이라는 자화자찬도 들어줄 만하다.

그렇지만 한편으론 씁쓸하다. 유리한 통계만 확대 포장하는 현 정부의 고질병이 여기서도 도지고 있다는 생각에서다. 노무현·문재인 정부에 비해 이명박·박근혜 정부 시기에는 집값이 안정되어 공공임대에 대한 수요가 상대적으로 높지 않았다. 더군다나 박근혜 정부에서는 '시프트', '뉴스테이' 등과 같은 서민과 중산층 대상의 민간

임대를 장려하여 실제 저소득 서민을 위한 공공 성격의 민간 임대물량이 상당했다고 봐야 한다.

황당한 점은, 정부가 대표적 치적으로 내세우는 공공임대주택의 상당수가 공실로 남아돈다는 것이다. 국회 예산정책처에 따르면 지난해 한국토지주택공사(LH)에서 공급한 7만 2천 가구의 16.6%에 해당하는 1만 2천 가구가 여전히 비어 있다. 급등한 전월세로 오도 가도 못해 졸지에 난민 신세가 된 서민 입장에서는 화가 치밀 일이고 국가적 관점에서도 크나큰 낭비다.

공공임대주택이 외면받는 이유는 간명하다. 대부분의 공공임대주택이 사회초년생이나 자녀 없는 신혼부부나 살 수 있을 정도의 40평방 미만의 원룸 같은 구조이고, 도심지와는 거리가 먼 외딴 곳에 위치한 경우가 많아 공공임대 수요자들이 기피하기 때문이다. 대선 공약이라는 명분에 치우쳐 양적 확대에만 치중한 나머지 실제 자녀가 있는 무주택 서민이나 빈곤층 가구의 눈높이를 전혀 맞추지 못한 결과다.

여기에 더해 영구임대와 국민임대, 행복주택, 청년주택, 신혼부부주택, 고령자주택 등 공공임대주택의 형태도 가지각색이고 지원 대상과 임대료 체계 등이 지나치게 복잡하다. 더군다나 선진국에서 일반화되어 있는 공공임대 대기자 명부제도 제대로 시행되지 못하고 있다. 이러다 보니 정작 입주를 희망하는 무주택 서민이나 빈곤층 가구가 빈집이 남아돎에도 적절한 공공임대주택을 찾지 못하고 있는 실정이다.

요약하면, 주거 안정을 위한 주택 정책과 주거복지 정책을 구별하지 못하는 정부로 인해 막대한 예산을 투여하고도 기대하는 정책 효과를 얻지 못하고 있다.

저소득 빈곤층을 위한 복지 정책인 공공임대정책을 마치 대표적인 전월세 시장 안정 정책인 양 착각해서 추진하다 보니 전월세난이 지속되고 있음에도 공공임대주택의 공실이 상존하는 어이없는 결과를 초래한 것이다. 이에 더해 수요억제 위주의 부동산 정책 기조로 민간에 의한 임대주택의 공급기능을 위축시킨 점도 주거복지 정책의 실패를 초래한 요인이다.

진정한 저소득 빈곤층을 위한 주거복지 정책은 수요자 눈높이에 맞는 공공임대의 공급을 늘리되, 민간임대시장에 대한 터무니없는 규제도 과감히 풀어야만 원활히 추진될 수 있다. 저소득 빈곤층과 도시 서민의 주거 안정을 위해서는 지금의 정부가 소멸시켜버리다시피 한 민간임대정책을 되살려야 한다.

Scene 09

누더기 '고가주택' 기준,
어쩌다 이 지경까지

180석 거대 여당의 입법 폭주를 저지할 브레이크가 없다. 주 52시간 근로제, 경제 3법, 공수처법, 5·18특별법, 남북관계발전법, 중대재해처벌법, 언론중재법 등 수많은 법안이 국회를 통과하거나 밀어 붙여지고 있다. 전통과 관행뿐 아니라 절차까지 무시된 입법 강행으로 인한 부작용과 후유증으로 국민들이 몸살을 앓고 있다.

부동산·주택 분야도 예외가 아니다. 지난해 7월 말 강행 처리된 임대차 3법이 대표적 사례인데, 계약갱신청구권과 전월세상한제의 경우 소급 적용까지 하여 위헌 논란까지 초래했다. 주택을 사고팔 때 내야 하는 각종 세금과 대출금 한도 등에 적용되는 이른바 '고가주택' 기준의 경우도 마찬가지다.

고가주택 기준은 2008년 10월에 '실거래가 9억 원 초과'로 정해진 후 최근까지 유지되어 왔다. 당시 서울 아파트 평균 매매가가 4억 2천만 원이고 중대형의 경우도 8억 원 정도여서 '9억 원 초과'면 '고가주택'의 의미에 딱 맞는 기준이었다고 본다. 이 기준에 따라 종합부동산세, 양도소득세, 재산세, 취득세 등 각종 부동산 세금의 크기가 결정될 뿐 아니라, 여러 대출 자격이 정해지는 등 국민의 경제

생활에 상당한 영향을 미친다. 예컨대 거래한 주택이 이 기준을 초과하게 되면 양도세 비과세 혜택이 없어지고 종부세 대상이 되어 내야 할 세액이 확 늘어난다. 은행에서 담보 대출이나 중도금 대출을 받을 때도 중개 보수를 지급할 때도 이 기준이 걸림돌이 된다.

문제는 13년간이나 이 기준을 고수해오다 보니 현실과 동떨어진 과세 수단으로 변질되었다는 점이다.

같은 기간 동안 물가는 2배 넘게 올랐고 집값도 몇 배나 뛰었다. 지난 6월 기준으로 서울 아파트 평균 매매가가 11억 4천만 원이니 2008년에 비해 3배 가까이 올랐다. 당시 집값 수준에 비례해 단순 조정한다면 현행 고가주택 기준을 24억 원이나 25억 원 정도로 변경해야 한다는 의미다. 현 정부 4년간 치솟은 집값으로 서울의 신축 중대형 아파트 대부분이 이 금액 언저리에 있으니 이 기준보다도 더 높여야 고가주택 기준 도입의 당초 취지에 맞을지도 모르겠다.

이와 같이 말도 안 되는 '고가주택 기준 금액'을 변경해야 한다는 사회적 요구가 쏟아지고 있다. 입법부에서도 12억 원 또는 15억 원으로 상향 조정하는 취지의 관련법 개정을 추진하기도 했다. 그런데 현 정부에서 부동산 정책을 추진하면서 기본 원칙이나 제대로 된 논의조차 없이 세목마다 달리 기준을 상향하다 보니 고가주택 기준이 제각각이 되어버렸다.

재산세와 취득세는 여전히 9억 원이 적용되는 반면, 종부세는 11억 원으로 확정되고 양도소득세는 12억 원으로 상향 추진 중이다. 얼마 전 정부가 확정 발표한 중개보수 최고요율에서는 실거래가 15

억 원으로 정해졌다. 들쭉날쭉 기준 금액에 납세자들은 너무나 혼란스럽다(<표 12> 참조).

〈표 12〉 세목별 고가주택 기준

자료: 국토교통부(양도소득세와 중개수수료율은 추진안)

	금액	산출기준	시가기준*
재산세	9억 원	공시가격	13억 원
취득세	9억 원	실거래가	9억 원
종합부동산세	11억 원(1주택자 기준)	공시가격	16억 원
양도소득세	12억 원(1주택자 기준)	실거래가	12억 원
주택담보대출	15억 원	실거래가	15억 원
중도금대출	9억 원	실거래가	9억 원
중개수수료율	15억 원	실거래가	15억 원

* 현행 공시가 현실화율(70%)을 적용하여 환산한 금액

이뿐만이 아니다. 세금을 산출하는 기준 가격도 각양각색이다. 양도세와 취득세는 실거래가로, 재산세와 종부세는 공시가로 과세한다. 70% 내외 수준인 공시가 현실화율을 반영하여 시가로 환산하면 고가주택 적용 기준이 재산세는 13억 원, 취득세는 9억 원, 종부세는 16억 원, 양도세는 12억 원, 중개보수기준은 15억 원이다(<표 12> 참조).

이쯤 되면 누더기 기준이라 해도 할 말이 없다. 고가주택 기준이 법 따라 제도 따라 이렇게도 천차만별로 제각각이어도 되는가? 이를 이해하고 수용할 국민이 얼마나 될 것인가?

누더기 고가주택 기준의 피해는 고스란히 납세자들 몫이다. 치솟은 집값으로 웬만한 중산층도 자산가 대접을 받아서 좋을 것 같지만, 집값 따라 급등한 부동산 세금에 더해 무슨 세목의 부동산 세금이 언제 어떻게 적용될지 예측하기도 어려워진다.

지금이라도 고가주택 기준 도입의 당초 취지를 되살려 현실에 맞게 재조정하되, 각 법령에서 정한 고가주택 기준을 통일해 혼란을 최소화해야 할 것이다.

3부

[대책 *policy measures*]

주거 안정으로의
패러다임 전환

역대 정부의
부동산 정책에서 지혜를

타 분야와 달리 부동산은 계절적 요인과 수급불균형 등 여러 특성으로 인해 시장 실패(market failure)가 발생하기 쉬우며 따라서 각종 규제와 지원의 형태로 정부 개입이 불가피한 분야다. 하지만 타이밍을 놓치거나 지나친 개입은 오히려 가격 폭등 폭락이나 거래 실종 등 부작용을 초래하기 십상이다.

발등의 불을 끄려는 단기성 정책이나 일관성 없는 대응 역시 문제의 심각성을 키우게 된다.

지금의 정부는 부동산 시장을 안정시키고 집 없는 서민의 눈물을 닦아 주겠다면서도 재개발과 재건축 요건을 반복적으로 강화하고 대출 한도 축소 등의 규제를 남발했으며, 세금 폭탄까지 투하하여 되레 집값과 전셋값이 쌍으로 폭등하는 최악의 결과가 이어지고 있다. 그것도 모자라 이제 신규 전월세 계약까지 가격의 범위를 정해 주는 가격 통제라는 위험한 처방까지 내리려 하고 있다.

지금의 부동산 정책에 대한 평가는 부동산의 본질적 특성뿐 아니라 과거 정책들에 대한 이해와 판단을 필수로 해야 한다. 앞으로 어떤 방향으로 얼마나 강력하게 정책을 추진할 것인지도 마찬가지다.

역대 정부의 정책 패턴

문재인 정부 출범 이후 4년 반 동안에도 부동산에 관련된 대책이 25번이나 나왔다(<표 3> 참조). 그 중 절반 이상이 대출 규제 강화, 과세 강화, 재개발 재건축 규제 강화 등 수요 억제 정책이었고 공급 확대를 위한 정책은 (대책의 횟수는 적지 않지만 실질적인 대책 내용은) 상대적으로 빈약했다.

지금의 부동산이나 주택 문제는 작금의 정치, 경제, 사회적 여건 뿐 아니라 과거 정책과도 밀접한 관련이 있다. 역대 정부의 부동산 정책을 보면 '투기 억제를 위한 규제 강화'와 '경기 부양을 노린 규제 완화'가 주기적으로 되풀이되는 양상이었다.

1967년의 '부동산 투기 억제 특별조치법'이 최초의 부동산 대책이었으며, 그 후 1978년의 부동산 대책 등 '억제'와 '부양' 대책이 반복되었다.

전두환 정부(1980~1987년)는 부동산을 경기 조절 수단으로 활용한 측면이 강하다. 경기 활성화를 위한 '주택 경기 활성화 조치'(1979년) 이후에는 바로 규제들을 강화했다가 다시 완화로 돌아섰다.

노태우 정부(1987~1993년)에서는 강경한 부동산 투기 억제 대책을 추진했으며, 1989년에 주택 200만 호 건설 계획을 발표했고 1990년에는 토지공개념제도도 도입했다.

김영삼 정부(1993~1998년)에서는 이전 정부의 투기 억제 대책의 영향으로 다행히 부동산 시장이 다소 안정되었다. 따라서 금융실명제와 함께 차명 부동산거래를 전면 금지한 부동산실명제를 시행하는 등 큰 부담 없이 투기 억제 정책으로 전환할 수 있었다. 하지만 후반기에 가서는 부동산 경기가 급격히 악화되었다.

김대중 정부(1998~2003년)에서는 IMF 위기를 극복하고자 부동산 시장을 활용한 측면이 강하다. 1998년의 '건설·부동산활성화 대책'을 통해 양도소득세를 한시적으로 폐지하고 분양가를 자율화했으며 전매를 전면적으로 허용했다. 또 청약 자격 제한을 완화하고 택지 소유 상한제를 폐지했으며 무주택우선공급제를 폐지하는 등 기존의 각종 규제들을 없애거나 완화했다. 특히 담보인정비율(LTV)을 실거래가 기준으로 80%까지 허용함으로써 부동산 시장이 급속히 과열되는 단초를 제공하기도 했다.

노무현 정부(2003~2008년)에서는 과열된 부동산 시장을 억제하기 위해 많은 규제가 도입되고 강화되었는데, 주로 부동산에 대한 수요를 억제하는 데 방향을 맞췄다. 특징 중 하나는 이른바 버블세븐 지역을 타깃으로 한 조세나 금융을 통한 억제 정책이 많았다는 점이다. 이때 실거래가를 기준으로 한 과세 표준이 시행되었고, 종합부동산세를 도입했다. 또한 다주택자에 대한 양도소득세를 높이고, 김대중 정부에서의 LTV 규제를 강화하는 데 더해 DTI 규제를 적용했으며 분양가 상한제를 시행했다. 한마디로 초강력 부동산 규제책들을 총동원했다.

이에 더해 혁신도시, 기업도시, 행복도시, 수도권 2기 신도시 건설 등 각종 개발 정책으로 인해 전국의 땅값이 들썩거리는 등 부동산 시장이 과열되었다.

이명박 정부(2008~2012년)에서는 2008년의 6.11대책 이후 굵직한 경우만 해도 총 17회의 부동산 대책이 남발되었다. 침체된 주택 시장을 회복시키기 위해 종합부동산세를 줄이고 공급을 늘렸다. 규제도 풀어주고 미분양 해소책도 추진했다. 하지만 수도권의 집값이 폭락하고 거래가 끊겼으며 전월세 대란을 초래했다. 이른바 하우스 푸어와 렌트 푸어, 깡통 주택이라는 신조어들이 유행했다.

직전 정부에서는 어떠했을까? 박근혜 정부 초기 부동산 정책 중에는 시장을 제대로 읽지 못한 실책이 많았다는 지적이 있다. '목돈 안 드는 전세' 제도를 폐지한 것은 비록 렌트 푸어 문제를 풀기 위한 고육책이었더라도 시장 거래를 살리기 위한 정책 방침에는 역행하지 않았나 싶다. 결국 없던 일이 되었지만 전월세 소득에 대한 과세 방침 역시 투명한 과세 차원의 경제 정책으로는 올바른 방향이었다고 보더라도 타이밍과 여론의 반향을 충분히 고려하지 못한 실책이었다. 하지만 2014년 발표된 7.24대책은 LTV와 DTI 완화 등 시장 과열기에 도입된 규제들을 풀어 주택 시장을 정상화하기 위한 것이었는데, 이 정책들은 당시 기대감이 시장에 반영되어 주택의 거래량과 가격이 점차 회복되었다는 전문가들의 평가가 있었다(<표 13> 참조).

<표 13> 박근혜 정부 부동산 대책의 발표 시기와 주요 내용

발표 일시	대책 명	주요 내용
2013.4.1	4.1대책	양도·취득세 면제 및 거래세 완화를 통한 전세→매매 유도
2013.7.24	7.24 후속대책	공공분양물량 축소를 통해 공급 과잉 해소 및 준공 후 미분양 감소
2013.8.28	8.28전월세대책	공유형모기지, 취득세 인하 등을 통해 전세 수요 매매 전환 유도
2013.12.3	12.3 후속 조치	목돈 안 드는 전세 제도 폐지를 통해 렌트 푸어 지원

발표 일시	대책 명	주요 내용
2014.2.26	2.26대책	전월세 소득 과세를 통한 과세 투명화
2014.7.24	7.24대책	LTV·DTI 규제 완화, 실수요자 범위 및 지원 확대, 주택공급규제 개선
2014.7.30	7.30 후속 조치	디딤돌대출 지원 대상 확대, 청약제도 전면개편방안 마련, 조속한 법령 개정
2014.9.1	9.1부동산대책	재건축 규제 합리화, 임대주택 공급 확대, 무주택 서민 주거비 부담 완화
2015.1.13	1.13 주거 대책	기업형 임대주택 육성(뉴스테이 정책), 중산층 주거 선택권 확대

개략적으로 살펴봤지만, 역대 정부의 정책에서는 어떤 패턴을 읽을 수 있다. 시장 과열과 투기를 막기 위한 억제책과 경기 활성화를 위한 부양책이 지속해서 되풀이되어온 것이다. 부동산 시장의 상승기에는 어김없이 억제 정책을, 안정기나 침체기에는 부양 정책을 폈다(<표 14> 참조).

<표 14> 역대 정부의 부동산 정책 패턴

해당 정부	노태우	김영삼	김대중	노무현	이명박	박근혜	문재인
주택 시장	호황	안정→ 침체	침체→ 안정	호황	안정→ 침체	침체→ 안정	호황
정책 패턴	억제	약한 억제	부양	강한 억제	억제→ 부양	부양	억제

온고지신(溫故知新)의 지혜

문제는 대책 효과가 짧게는 수개월에서, 길게는 수년의 시차를 두고 나타날 수밖에 없음에도 불구하고 집권 기간 내 가시적인 결과를 얻기 위한 무리한 시도가 많았다는 점이다. 예컨대, 김대중 정부에서의 부양책 효과는 정권 말기에 겨우 나타나 노무현 정부에서 집중적으로 발생했다.

이에 대한 대응이 가관이었다. 여러 억제 대책에도 가시적 효과가 없자 점차 더 강한 규제책들을 쏟아냈고, 정권 말기까지 전혀 힘을 발휘하지 못했다. 오히려 이명박 정부에서 부동산 경기가 급격히 침체되는 결과를 초래했다(물론 '글로벌 금융위기'와 같은 외부 요인도 크게 작용했다).

이와 같은 판단 잘못이 되풀이되어서는 곤란하다. 더불어서 앞서 살펴본 역대 정부에서의 정책 성패를 투영해 볼 필요가 있다. 발등의 불을 끄기 위한 단기적 정책에는 부동산의 특성과 시장 반응의 시차 등으로 인해 심각한 부작용이 초래되었음을 잊어서는 안 된다.

노무현 정부에서의 '규제→효과 상반→강한 규제→효과 미미→초강력 규제'의 경우도 원하던 부동산 시장 안정을 얻지 못했다. 이명박 정부의 경우도 출범 초기 직전 정부 정책의 효과에 대한 불명확한 판단과 정책 남발이 기대하는 효과를 얻지도 못하고 시장에 대한 신뢰가 무너지는 결과를 낳았다.

현 정부의 주택 정책 역시 이러한 역대 정부의 정책 사이클에 무관하지 않은 측면이 있다. 예측 가능하고 일관된 정책 방향과 지속성을 통해 부동산 시장에 대한 경제 주체들의 신뢰를 회복하는 것이 무엇보다 중요하다.

정치권
해법의 허와 실

 지난 **6월** 16일 송영길 민주당 대표가 국회에서 교섭단체 대표 연설을 했다. "지난 4.7 서울·부산시장 재보궐 선거에서 저희 민주당은 참패했습니다. 집값 상승과 조세 부담 증가, 정부와 여당 인사의 부동산 관련 내로남불에 대한 심판이었습니다."로 시작된 연설에서는 과거와는 달리 주택 문제를 우선적으로 언급했다.

 전체 연설문의 20%에 달하는 원고지 18매 분량을 할애하는 등 작금의 주택 문제를 매우 무겁게 여기고 있는 것으로 보였다. 원고지 67매 분량의 긴 연설 중 달랑 원고지 2매에 불과했던 대통령 취임 4주년 특별 연설(2021.5.10)에 견주어볼 때 그랬다.

여당 대표의 황당한 주택 문제 해법

 취임 직후부터 과감한 대출 규제 완화와 각종 부동산 세금 부담의 현실화를 천명했기에 이번에는 피부에 와 닿는 현실적인 대안들을 제시하겠거니 일말의 기대감이 있었다. 하지만 연설을 듣고 또 관련 기사를 훑어봐도 그러한 기대에 부응하는 내용은 찾을 수가 없었다.

황당한 것은 이뿐만이 아니다. 205만 가구의 "공급 폭탄을 쏟아 붓겠다"며 허세, 세속어로 뻥 치고 있는 점이다. 이미 수많은 문제점이 지적되어 실현성이 낮아진 2.4공급 대책을 그대로 밀어붙이고, 이에 더해 LH 사태에도 불구하고 3기 신도시를 기존대로 강행해 수백만 주택을 추가로 공급하겠다는 것이다. 한마디로 '변창흠 시즌 2'다.

세 번째로 황당한 점은 "거짓말 같은 일이 현실화될 것"이라고 대표가 지칭한 '누구나 집' 프로젝트다. 집값의 6%만 현금으로 내면 누구나 살 수 있고, 10%를 내면 10년 후에는 최초 분양가로 구매할 수 있는 권리를 부여하겠다는 대대적 홍보다. 집값이 오르면 상승분의 절반을 세입자에게 배당까지 해 준다며 주택 문제 해결의 혁신 모델이자 과히 혁명이라고까지 자화자찬하고 있다. 한마디로 대표 연설인지 매체를 통한 홍보를 작정한 것인지 분간이 안 될 정도다. 마치 서민 청년세대 주거문제를 이 프로젝트로 해소할 것처럼 장장 원고지 8쪽 분량으로 호소하고 있다.

정부 재정은 하나도 들이지 않는다고 하지만, 참여하는 사업자의 수익성을 담보할 뾰족한 방안이 없어 결국 국민의 세금으로 퍼줄 수밖에 없을 것이다. 시범 사업으로 진행 중인 영종도 미단시티의 누구나 집 사업도 착공에만 3년이 걸릴 정도로 지지부진했다. 한마디로 시장의 원리를 무시한 무리한 발상이다.

연설을 들으면서 황당하다 못해 당황스러웠던 부분은, 위의 2가지가 연설에서의 주택 문제에 대한 전부라는 점이다. 온 국민이 다 알게 된 부동산 실정에 대해서는 회피하고 나라를 뒤흔든 LH 사태에 대한 사과는커녕 유감 표명조차 없었다. 국민들이 분노하고 고통스러워하는 집값 폭등, 보유세·거래세·공시가 급등 등에 따른 민생파탄 문제, 전월세 3법 등에 따른 무주택 서민과 임차인의 설움 등에 관해서는 언급조차 하지 않고 있다는 점이다. 이에 더해 부동산 투기를 엄단하겠다는 그들만의 유체이탈 화법이 또다시 등장했다. 이 부분은 앞서 언급한 대통령 특별 연설 내용과 일맥상통한다.

국민의 고통과 절규는 외면한 채 시작부터 삐걱거리는 변창흠 표 공급 대책에 혹까지 붙여서 뻥을 치고, 시장 원리를 무시한 황당한 '누구나 집' 프로젝트 홍보에만 열을 올리는 것으로밖에 보이지 않는 주택 문제에 관한 여당 대표 연설 내용이 유감이다.

국민 사찰기구 설치가 LH 사태의 해법?

LH 사태가 점입가경이다. LH 직원들뿐 아니라 다수의 여당 국회의원과 전현직 기초단체의원, 공공기관 직원과 공무원, 심지어 권력의 핵심인 청와대 관계자까지 신도시 예정 지구에 땅 투기를 했음이 속속 밝혀지고 있다. 집값과 전월세 가격의 폭등으로 국민들이 극심한 고통을 겪는 와중에 LH 사태로 현 정부의 '변창흠 표 공공주택 개발'의 민낯이 그대로 드러나고 있다.

"부동산 투기 일벌백계", "투기자 폐가망신", "부당이득 환수시스템 가동" 등 하루가 멀다 하고 내놓는 초강력 대책들도 낮은 실현 가능성과 소급 적용의 어려움 등으로 손에 잡히지 않는 공허한 메아

리로 들린다.

급기야 해묵은 '부동산 감독기구' 설치를 해법으로 들고 나왔다. 정부와 민주당의 당정청협의회에 이어 대통령까지 '비정상적 부동산거래와 불법 투기를 감독하는 기구 설치'를 주문했다.

사실 부동산 감시 감독 기구 설치 문제는 지난해 9월에 반짝했던 이슈다. 부동산 시장 교란 행위 차단을 위해 법적 근거를 마련해서 가칭 '부동산거래분석원'을 2021년 초까지 출범시키겠다고 정부 여당에서 공언한 것이다. (지난 2020년 9월 2일 홍남기 경제부총리 겸 기획재정부 장관은 '제5차 부동산 시장 점검 관계장관회의'에서 부동산 시장 감독 기구 조직 방안을 발표했다. 즉 현행 불법행위 대응반을 '부동산거래분석원(가칭)'으로 확대 개편하겠다고 밝히면서, 해당 조직이 개인 금융과 과세 정보를 조회할 수 있는 법적 근거를 관련 법 제정안 입법을 통해 추진하겠다는 의지를 보였다).

하지만 당시만 해도 그러한 감시기구 설치에 대해 여론의 주목을 받지 못했을 뿐 아니라 전문가들도 부정적이었다. 조직의 역할과 권한뿐 아니라 조사 대상과 범위가 불분명하고, 국민의 부동산거래, 임대차, 금융 거래, 인터넷 활동 등을 모니터링하고 감시하는 사찰 기구화가 될 가능성이 높았기 때문이었다. 실제로 정부에서는 기존의 부동산 불법행위대응반을 운영하면서 유튜브 등에서의 기획부동산 정보 제공, 온라인 강의, 아파트 단지 주민들의 가격담합 행위 등을 단속해야 한다는 입장을 나타내기도 했었다. 국회 국토교통위에서조차 '국민의 기본권을 과하게 제한할 수 있다'는 우려를 표명했다.

정부에서 추진하는 이러한 부동산 감시 감독기구의 설치는 해외에서도 사례를 찾아보기 힘들다. 국토교통부에서는 영국의 시장경쟁국(CMA), 미국 캘리포니아 주 부동산국, 미국의 연방주택금융청(FHFA) 등의 사례를 제시하고 있으나 이들 기관들은 정부에서 추진하는 (가칭)부동산거래분석원과는 관련성이 거의 없는 조직이다. (영국의 시장경쟁국(CMA, Competition and Markets Authority)은 공정경쟁과 소비자 권익 보호를 위해 기존의 기업혁신기술부, 공정거래위원회, 경쟁위원회를 합쳐 만들어진 정부 조직이며 시장 조사, 담합과 카르텔 범죄 대응, 경쟁 정책, 소비자 보호 등의 기능을 하고 있다. 우리나라의 공정거래위원회와 유사하다고 보면 된다).

입법부의 공공기구인 입법조사처에서조차 "외국의 경우 정부 차원에서 부동산 시장을 전담해 모니터링하거나 감독하는 기관의 사례는 보고되고 있지 않다"고 밝힌 바 있다.

그럼에도 정부와 여당이 LH 사태에 대한 해법으로 부동산 감독기구를 설치하겠다는 것은 헛다리도 한참을 잘못 짚었다. 개발 정보를 독점한 인사들의 땅 투기가 LH 사태의 원인(原因)임에도 그러한 독점적 정보와는 무관한 일반 국민의 부동산·금융 거래까지 속속들이 들여다보겠다는 것이다. LH 사태로 촉발된 공직자의 위법과 탈법, 도덕적 해이에 대한 국민적 공분을 자신들의 공약 달성을 위해 이용하려는 수작(酬酌)으로 비춰진다.

사건이 터질 때마다 규제 기관 설치로 대응하면 어쩌자는 것인가? 신의 직장에 버금가는 일자리가 생겨서 실업자 통계는 미미하게나마 호전되겠지만, 사생활 침해와 시장 기능의 제약 등 제반 비용과 부담은 고스란히 국민의 몫이다. 이미 있는 정부 조직이나 기능만으로도 부동산 시장을 모니터링하고 불법 행위를 단속하는 데 부족하지 않다. 국토교통부의 '불법행위대응반'뿐 아니라 검찰과 경찰, 국세청, 금융위, 한국부동산원 등 수많은 정부 기관에서 그러한 기능을 수행하고 있다.

LH 사태의 본질은 시장의 기능, 민간을 무시한 이른바 공공주도 개발 정책에 배경을 두고 있다. 토지수용권과 용지개발권, 용도변경권까지 독점한 거대 공기업 주도의 주택공급정책의 폐해가 나타나기 시작한 것이다. LH 주도의 2.4주택 공급 대책을 근본적으로 재고하지 않으면 더 큰 문제와 부작용이 연이어 불거질 것이다.

늦었지만 지금이라도 시장 원리에 순응하는 정책으로 선회해야 한다. 수요 억제 위주에서 공급 확대 정책으로 전환하되 민간의 역량을 적극적으로 활용하는 것이 바람직하다.

Scene 03

주택 정책,
국민 신뢰를 우선으로

가을 집값과 전월세 가격 폭등으로 국민들의 고통이 극심하다. 그 와중에도 LH 직원뿐 아니라 다수의 여당 국회의원과 전현직 기초단체의원, 공공기관 직원과 공무원, 심지어 청와대 인사까지 땅 투기 잔치판이다.

24차례 헛다리 짚는 정책 끝에 회심작으로 내놓은 변창흠 표 '공공주도 3080+개발'이라는 25번째 부동산 대책도 신기루에 불과하다는 것이 이번 LH 사태로 드러나고 있다. 83만 호 주택 물량 공급 약속도 부풀리기의 끝판왕이고 공공주도 개발 이익을 세입자와 영세상인과 공유한다는 장밋빛 청사진도 결국 신도시 예정지 정보를 독점한 '잘나가는 투기꾼들'에 빛이 바랬다.

부동산 실정으로 고통받는 서민

문재인 정부의 부동산 정책 실패는 이제 전 국민의 상식이다. 전문가 고견을 빌릴 필요도 없이 국민 여론이 잘 보여준다. 현 정부 4년간 잘못한 정책으로 '부동산 정책'(44.4%)이 압도적으로 높게 나왔고(미디어리서치 2020.12.31.), 최근 갤럽조사에서는 부동산 정책에 대한 부정적 평가가 무려 74%로 문재인 정부 출범 이후 최고치를 보였다(2021.3.4., 긍정 평가는 11%에 불과했다).

한마디로, 현 정부가 물량 공급은 도외시한 채 투기꾼만 때려잡겠다는 강력한 수요 억제 정책의 결과다. 노무현 정부에서의 수요 억제 중심의 실패한 정책들만 골라 답습함으로써 문제를 더욱 악화시키고 있다. 투기 수요를 잠재운다며 초강력 규제책을 연이어 발표하고, "더 강한 대책이 주머니에 많다"며 대통령까지 국민을 상대로 엄포를 놓았다. 주택담보·전세대출을 획일적으로 규제하고 부동산 세금을 대폭 인상하고 중과함으로써 1주택 실수요자의 부담까지 급증시킨 결과다.

무엇보다도, 사회 갈등을 조장하는 편 가르기, 부동산 정치로 집 가진 서민뿐 아니라 집 없는 사람까지 우선적으로 희생되고 지방으로 쫓겨나고 있다. 관련된 통계(2020년 3/4분기)를 보면 소득 5분위의 소득과 자산은 증가한 반면 1~2분위의 저소득층은 크게 감소했다.

가장 큰 원인은 현 정부 출범 이후 최근까지 주택 물량의 공급을 철저히 도외시한 점이다. 서울 도심 유일한 양질의 주택공급원인 재개발과 재건축을 얼어붙게 했고, 임대차 2법의 졸속 입법과 강행, 3기 신도시 등 2.4대책에 따른 무분별한 신도시 개발 발표, 성급한 사전청약 계획 발표로 전월세난을 가중시켰다.

해결책은 국민의 신뢰에

LH 주도의 2.4주택 공급 대책을 근본적으로 재고하지 않으면 더 큰 문제와 부작용이 줄을 이을 것이다. 장관만 바꾼다고 해결될 문제가 아니다. 이념에 치중하여 시장에 반하는 정책을 고집하는 한 작금의 집값 문제와 전월세난은 줄지 않을 것이다.

투기꾼 잡겠다며 도입한 각종 수요 억제 규제를 완화·개선하고, 공급 확대 정책으로 전환하되 공공 주도가 아니라 민간의 공급 역량을 적극적으로 활용해야 한다. 공공은 저소득 빈곤층의 주거 문제 해결을 위한 장기임대주택 등 물량 공급 쪽으로 선회하는 것이 바람직하다.

구체적으로는, 재개발과 재건축 규제를 풀고 기존 주택의 거래를 활성화해서 도심의 주택 물량을 크게 늘려야 한다. 실효성이 의문시되는 (박원순 표) 도시재생 뉴딜 사업은 전반적으로 재검토해서 주민들의 의견 수용 후 실정에 맞게 사업을 조정할 필요가 있다. 단기적인 성과 위주의 정책을 버리고 중장기적인 도시재생사업을 추진하는 것이 바람직하다.

더불어 서민과 빈곤층의 전월세난을 가중시키는 현 정부와 서울시의 실패한 정책을 폐기하거나 개선해야 한다. 임대차 2법은 합리적 대안이 마련될 때까지 일정 기간 유예하고, 재건축 규제 중 실거주 요건을 일시적으로 완화하며, 양도세 등을 일시 감면하여 임대주택의 거래 물량을 늘려나가야 한다.

공공뿐 아니라 민간의 임대주택 공급 역량도 키워나가야 한다. 공공이 충당할 수 있는 임대주택 공급은 10% 수준에 불과하다. 서울의 경우 자가 보유율 42.7% 내외를 제외한 나머지 30~40%는 민간에서 담당하는 것이 현실이다.

서울시 차원에서 매입위탁형이나 임대 리츠 형태의 민간 장기주택 임대를 확대해나가는 것이 필요하다.

절대 빈곤층이나 저소득 무주택 국민에게는 공공이 나서서 주거 복지를 해결해주어야 한다. 공공임대주택 물량을 지속적으로 늘리고 저소득 서민층의 주거 안정을 위해 세제와 금융 지원을 늘리고 공공임대주택에 대한 주거 급여(주택 바우처) 제도를 개선해서 시행할 필요가 있다.

주택·주거 정책은 이렇게 추진해야 : 3대 원칙과 7가지 방향

지금까지 살펴본 이 정부의 부동산 정책은 한마디로 총체적 실패작이라 할 만하다. 부동산, 특히 주택의 가격은 부동 자금과 금리, 물가, 심리뿐 아니라 정부의 대출 규제와 각종 규제, 공급 예상 등 수많은 변인에 영향을 받는다. 근본적으로는 수요 (demand)와 공급(supply)이라는 기본적인 시장 원리로 집값과 전월셋값이 결정되는 것이다.

하지만, 문재인 정부는 아파트와 같은 시장재(市場財)를 토지와 같은 부증재(不增財)로 오인(했거나 의도적으로 판단)함으로써, 25차례의 대책 남발에도 불구하고 집값과 전월세 가격을 안정시키지 못했을 뿐 아니라 오히려 수많은 부작용과 문제점을 쏟아내게 된 것이다.

그 결과 정책이 총체적으로 실패하여 경제학 원론에 소개된 이른바 정부 실패(government failure)의 전형이 되었다. 그러한 정책 실패의 주된 요인으로는 시장 원리에 어긋나는 수요 억제 중심의 규제 일변도, 일관성이 결여된 부동산 대책 남발을 들 수 있다.

전문가들의 진단뿐 아니라 여러 여론 조사 결과가 이를 잘 보여주고 있다. 국내 경제학자들의 절대 다수가 서울·수도권에서의 집값 폭등을 정부의 정책 실패 탓으로 진단했다(한국경제학회 2020.8.18.)

어떤 방향이 바람직할까?

결론부터 말하자면, 시장 원리를 바탕으로 국민의 신뢰를 얻을 수 있는 주택 정책을 추진하되, 국민의 주거 안정과 주거(행복추구)권을 보장하는 이른바 투 트랙 접근이 바람직하다.

첫 번째(Track-One)는, 시장 원리에 기반을 두되 예측이 가능하고 지속할 수 있는 정책을 추진해야 한다. 세제, 금융 규제, 공공 지원 등에 관한 기준을 빈번하게 변경해서는 안 되며, 무엇보다 정책의 일관성을 유지할 필요가 있다. 또한 세제와 공시 제도를 합리적으로 개편하여 국민의 세금 부담을 줄여나가야 한다. 덧붙여서 재건축·재개발을 활성화하고 용적률과 층고 제한을 풀어서 도심 내 신규 주택의 공급을 지속적으로 늘려나가야 한다.

두 번째(Track-Two)는 저소득 서민과 무주택자, 소외 계층을 우선하는 국민의 주거권 실현 내지 주거 복지를 지속적으로 늘려나가야 한다. 저소득 서민층의 주거 복지 향상을 위해 세제와 금융 지원을 늘리고 서민층, 특히 청년층의 주택 구입 기회를 확대하며, 생애 첫 주택 구매에 대한 LTV·DTI 기준을 유연하게 운용할 필요가 있다. 또한 주거 소외 계층에 대해서는 맞춤형 주택을 늘리고 장기임대주택 사업의 추진 방식을 개선해서 민간에서의 임대주택도 획기적으로 늘려나가야 한다.

그렇다고 하더라도, 현 정부의 규제·과세 강화 정책에 대해 무턱대고 반대하는 것은 바람직하지 않(고 그래서도 안 된)다. 자유시장경제 체제에서 일반적인 상품(goods & services) 시장의 경우 정부의 규제와 간섭을 최소화하는 것이 권장되지만, 부동산은 계절적 요인과 수급불균형 등 여러 특성으로 이른바 시장 실패(market failure)가 발생하기 쉬우며, 따라서 여러 규제와 지원의 형태로 정부의 간섭이 불가피한 분야이다.

덧붙여, 아무리 좋은 정책이라도 국민 여론과 엇나가게 되면 실패가 필연(!)이 된다. 사실 옳고 그름을 떠나서 정부의 부동산 과세 강화 정책에 대한 부정적 여론이 예상보다는 높지 않으며, 세금 부담 완화에 대한 절실함도 그다지 높아 보이지는 않는다. 저자가 직접 수행했던 설문조사에서도 부동산 세금 강화 정책에 대한 거부감(17.0%)은 '주택 공급 부족'(33.0%), '오락가락 정책'(25.0%) 등 다른 부정적 측면보다는 후순위였다. 덧붙여, 향후 추진해야 할 정책의 우선순위를 묻는 조사에서도, '감세를 통한 거래 활성화'(20.0%)보다는 '투기성 대출 규제 강화'(49.0%)와 '공급 확대'(46.0%)에 더 절실함이 있었다.

하지만 지난 4.7재보선에서도 나타났듯이 특히 서울과 부산 등 대도시의 경우 7.10대책 등에 따른 정부의 대폭적인 부동산 세금 인상과 대출 규제와 재개발 재건축 규제에 대한 반대 여론이 매우 높은 것을 보면 국민의 여론도 작금의 규제 강화 과세와 강화에 부정적인 것으로 판단된다.

절대 빈곤층과 저소득 국민에게는 공공주거(복지) 정책을, 무주택자에게는 희망을, 유주택자에게는 안심을 주는 주택·주거 정책을 지향할 필요가 있다. 절대 빈곤·저소득·무주택자에게는 앞서 제시한 Track-Two(국민의 주거권 실현 및 주거복지 확대 정책)를 지향하고, 유주택자에게는 Track-One(시장 원리에 기반한 예측·지속 가능 정책)을 지향하는 것이다.

주택·주거 정책 추진의 3대 원칙과 7가지 방향

지금까지의 현상(status quo)에 바탕을 둔 진단(diagnosis)을 바탕으로 다음과 같은 주택 정책, 주거 정책의 **3대 원칙**과 이들 원칙 아래서의 **7가지 기본적 정책 방향**(policy measures)을 제시해 본다.

원칙 1 : 정책의 예측 가능성을 높여라

첫째, 부동산 정책은 추진의 일관성과 지속성을 확보해야만 정책에 대한 국민의 신뢰를 얻을 수 있다. 이 정부에서는 지나칠 정도로 대책을 남발했고, 또 수시로 정책을 전환했다. 이에 더해 돌발적으로 대책을 발표하는 등 부동산 전문가와 조세 전문가들조차 혀를 내두를 지경이었다.

이러한 대책들이 일부 단기적으로 효과가 있었다고는 하지만, 정책에 대한 예측의 어려움으로 집값 폭등과 전월세난과 같은 부동산 재앙을 초래했다.

이러한 예측 불가 정책으로 인한 문제에 대해서는 역대 정부에서의 부동산 정책의 공과와 성패를 투영해 교훈으로 삼을 필요가 있다.

지금까지 여러 정부에서 시행했던 시급한 문제 해결 의지를 반영한 단기적 정책들에는 부동산이 갖는 제반 특성으로 심각한 부작용을 초래한 경우가 적지 않았다.[1] 노무현 정부에서의 '규제→효과 상반→강한 규제→효과 미미→초강력 규제'의 경우가 대표적인 사례다. 또한 이명박 정부 초기에 노무현 정부에서의 정책 효과에 대한 성급한 판단과 정책 남발도 대표적인 부동산 정책 실패 사례로 볼 수 있다. 현 정부의 관련 정책 추진 과정 및 내용을 보면, 이러한 역대 정부에서의 정책 실패 사례를 답습하고 있는 경우가 상당히 많다.

아무튼 정책의 일관성과 지속성을 통해 부동산 시장에 대한 기대와 신뢰가 담보되어야 한다.

둘째, 정책에 관한 예측 가능성을 높이기 위해서는 무엇보다도 부동산 관련 세제, 금융 규제, 부담금 규제, 공시가격 제도 운영, 공공 지원 기준 등을 빈번히 바꾸거나 지나치게 급격하게 변동시켜서는 안 된다. 지금의 정부에서는 부동산 대책을 25차례나 시행했는데, 그 내막을 들여다보면 각종 규제와 기준 등을 지나치게 빈번하게 변동했음을 알 수 있다. 실수요 1주택자에 대한 양도세 강화, 주택임대 사업자 규제 강화와 제도 폐기, 무리해서 도입한 2년 실거주 규제의 느닷없는 폐기 등이 대표적인 사례다.

또한 과도한 공시가격 상승에 따른 집 가진 모든 국민의 세금 부담 증가와, 이에 연동된 행정 비용 급증 문제는 또 하나의 정책 실패 (공포증) 사례가 되고 있는데, 이에 대한 적절한 제도적 개선이 필요

---

1) 부동산 시장은 일반 상품과는 상이한 자연적 특성이 있다. 첫째, 부동산의 부동성 특성에 따른 특정 지역에 국한되는 지역성, 둘째, 개별성의 특성에 따른 거래 정보의 비대칭성, 셋째, 상품의 비표준화성, 넷째, 시장의 비조적성, 다섯째, 영속성, 내구성, 개별성, 시장의 지역성, 고가성 등의 요인으로 인한 수급 조절의 곤란성, 마지막으로 부동산의 개별성과 법적 권리로 인한 공매의 곤란성 등이 부동산 시장의 주요 특성이다.

한 상황이다.

부동산 공시 가격의 현실화는 조세 형평성 차원에서 바람직하다. 또한 단독 주택과 아파트 간 현실화율 격차도 줄여나갈 필요성은 있다. 하지만 급격한 밀어붙이기식 공시가격 인상이 초래하는 부작용과 국민들이 받는 고통이 예상보다 훨씬 큰 상황이다. 주택공시가격의 연간 상승률 상한제도 도입 등 관련된 대책이 시급하다. (공시가격 문제의 해법에 관해서는 부동산 세금 문제와 함께 다음 절에서 살펴본다).

셋째, 부동산 정책에 대해 국민의 신뢰가 무너지지 않도록 '정책의 정치화'를 더 이상 방치해선 안 되며, (큰 선거를 핑계로) 이를 조장해서도 곤란하다.

공론화와 절차를 무시한 국회 다수당의 입법·제도 변경 횡포는 바람직한 '정책'이 설 자리를 강탈하는 것이다. 이른바 '부동산 정치'로 인한 정책 실패의 최대 희생자는 저소득·서민층임을 제대로 바라봐야 할 것이다.

무엇보다도 시장을 선도하겠다는 오만함 대신 시장의 순기능과 조화된 일관성 있는 주택 정책을 추진하는 것이 바람직하다. 정부는 작금의 총체적인 부동산 정책의 실패를 인정하고 여론 조사 등을 통해 표출된 민의를 반영한 정책을 추진해야 할 것이다.

원칙 2 : 수요 맞춤형 주택공급 체계를 확보하라

넷째, 서울 지역의 아파트 품귀 현상 등 만성적 공급 부족 문제를 해소하기 위해서는 현재의 '수요 억제' 위주에서 '공급 확대'와 '투기 수요 억제'를 병행하는 방향으로 정책의 방향을 전환해야 한다.

김영삼 정부 이후 역대 정부에서는 대부분 수요 억제와 공급 확대를 병행하는 주택 정책을 표방해 왔다. 그런데 강한 수요 억제에 초점을 둔 노무현 정부(2003~2008년)와 지금의 문재인 정부는 예외다.

10차례가 넘는 부동산 정책을 발표하고 추진한 노무현 정부 부동산 정책에 대한 다양한 평가가 있지만, 대체적인 시각은 의도했던 부동산 투기와 가격 급등을 제대로 억제하지 못한 실패한 정책으로 평가된다. 이른바 버블세븐 지역을 주된 대상으로 한 투기(과열) 지역에 대한 조세 강화와 금융 억제 정책, 실거래가 적용의 과세 표준 도입, 종합부동산세 도입, 양도소득세 등 다주택자 중과, DTI 적용과 LTV 규제 강화, 공급 물량 확대, 분양가 상한제 시행 등 초강력 규제책들을 시행했으나 부동산 임기 말까지 극도로 불안했다.

문재인 정부 역시 이러한 노무현 정부의 예외적인 수요 억제 대책을 답습함으로써 집권 초기부터 정책 실패가 예견되었다. 역시나 25차례의 빈번한 대책에도 불구하고 노무현 정부보다도 심한 정책의 실패를 경험하고 있다.

다섯째, 도심재정비 사업을 활성화하고, 고밀 개발, 거래 활성화로 지속 가능한 주택 공급 체계를 확보해야 한다.

작금과 같은 주택 공급의 부족 현상 배경은 무엇보다 시장 원리에 역행하는 정책의 헛발질 탓이 가장 크지만, 사실 수도권의 예상을 능가한 가구 증가 속도에도 있다. 늘어나는 1~2인 가구를 수용할 수 있는 주택의 재고가 충분히 늘어나야 하지만 여러 상황과 맞물려 그렇지 못한 실정이다. 전문가들의 분석에 따르면 서울시의 경우 매년 약 11만 호 정도의 주택이 신규로 공급되어야만 수급 상황이 안정될 수 있다고 한다. 이를 위해서는 무엇보다도 재건축과 재개발 사업을 활성화하고 고밀화를 통해 도심 내 신규 공급을 확대해가는 것이 바람직하다.

이를 위해서는 재건축·재개발에 대한 각종 규제를 완화하는 것이 급선무다. 서울 '도심 재건축 억제'에서 정상적 추진으로 전환하여 수요 맞춤형 주택 공급을 확대하고 주거 환경을 개선해 가야 한다. 또한 용적률의 기준을 상향 조정하고, 층수 제한을 완화하여 기존 도심의 고밀화 재생을 추진할 필요가 있다.

중앙 정부의 규제뿐 아니라 지난 10년간의 서울시 규제로 그동안 수백 곳의 도시정비 사업이 해제되거나 지지부진했다. 서울시의회 보고서에 따르면, 서울의 경우 2012~2018년 동안 393곳의 정비 사업이 해제 조치되었다고 한다. 이 중 역세권(250m 이내)이 175곳 정도로 파악된다. 이러한 재개발 해제구역 정비 사업을 다시 추진해야만 도심의 주택 공급 물량을 지속적으로 확보해 갈 수가 있다. 이에 더해, 주택 수요가 높은 역세권과 가까운 도심 지역 중심으로 해제되었던 수백 곳의 정비 사업이 재추진될 수 있도록 정책적으로 지원해야 한다.

이러한 공급 확대 대책이 아무리 잘 추진된다고 하더라도 부동산 시장에서 거래가 원활하지 못하게 되면 주택 공급이 제한적일 수밖에 없다. 따라서 기존 주택 물량의 거래 활성화를 촉진하여 공급 확대 효과를 배가해나가야 한다. 이를 위해서는 거래세를 줄이고 양도세의 일시적 감면 등을 통해 주택 매물이 시장에 나오도록 해야 한다. 또한 임대차 3법의 폐지 내지 합리적 개정·보완으로 전월세 물량의 공급을 늘려야만 주택 공급의 효과가 실현될 수 있을 것이다.

원칙 3 : 국민의 주거(행복추구)권을 보장하라

여섯째, 서민층의 주거 불안과 열악한 주거 환경 해소 등 국민의 기본적 인권인 주거(행복추구)권을 보장해야 한다.

주거 안정과 주거 수준 향상을 통한 주거 복지 확립, 이른바 국민의 주거(행복추구)권의 실현은 이제 시대적 사명이 되고 있다. 국내·외 경기 침체와 저성장 기조가 계속되어 주거 소비자의 실질 소득이 감소되고 있으며, 고령화와 1인 가구 증가와 소형 주택 선호 확대로 임대주택과 소형 주택에 대한 수요가 크게 늘었다. 지금까지는 주택이 재산 형성의 주된 통로였으나, 앞으로는 안락한 주거 생활의 수단이라는 인식이 높아질 것이다.

우리나라에서는 지난 2015년에 주거 생활이 인간의 기본적 인권의 하나라는 의식의 확산을 배경으로 「주거기본법」이 제정되었다 (6.22 제정, 12.23 시행). 당시 여당이었던 새누리당 주도로 여·야 합의가 이루어져 이 법이 제정됨으로써 주거권이 실정법적 인권의 하나로 자리매김 되었으며, 주거종합계획, 주거정책심의위원회, 최저 주거 기준, 유도 주거 기준 등 주거 약자를 위한 기본 정책 사항들이 입법화되는 결실을 얻게 된 것이다. 여기서 말하는 주거권이란 '물리적·사회적 위험에서 벗어나 쾌적하고 안정적인 주거 환경에서 인간다운 주거 생활을 할 권리'를 의미한다(주거기본법 제2조).

일본의 경우는 지난 2006년에 「주생활기본법」이 제정되었는데, 이를 계기로 주택공급 물량 조절 정책에서 주거 복지와 주거 안정 등 주거의 질을 중시하는 방향으로 주택 정책의 방향이 크게 전환된 바 있다. 대표적인 것이 주택건설계획법 폐지와 동 법에 근거해 1966년부터 추진됐던 주택건설 5개년 계획을 전부 폐지하고, 이를 대신하여 주생활기본법에 근거한 '주생활기본계획'을 10년 단위로 수립해 오고 있는 것이다.

이러한 주거기본법 제정의 취지를 살려 저소득 서민과 무주택자 그리고 주거 소외 계층을 우선하는 국민 주거 안정과 주거 복지 향상을 위한 정책들을 추진해나가야 한다. 단기적으로는 전월세난 등 특히 서민층의 주거 불안 요인들을 해소하는 것이 급선무지만, 장기적으로는 「주거기본법」상 주거권 확립에 초점을 둔 질적 주거 정책을 추진하는 것이다.

구체적으로는, 경제적 관점에서의 주택 문제와 사회적 관점에서의 주거 복지 문제를 통합한 정책 추진이 바람직하다(앞서 제시한 Track-Two에 해당된다). 예컨대 저소득 서민층의 주거 복지 향상을 위한 세제와 금융 지원을 확대하고, 청년층의 주택 구입 기회 확대, 생애 첫 주택 구매에 대한 세제 및 금융 규제(LTV · DTI 기준 등)를 유연화하는 것도 한 방편이 되겠다. 또한 신혼부부, 유자녀, 청년, 장기무주택자 등 주거 소외계층 맞춤형 주택 공급을 늘리는 것이다. 더불어서 주택 연금 활성화, 고령자 주택에 대한 보유세 이연, 분양형 노인복지주택 확대 등 노인 주거 문제 해소책을 마련하고, 장기 임대주택 사업을 확대하면서 추진 방식도 개선해 가는 것이 좋겠다.

마지막으로, 중장기적으로는 기존의 양적 부동산(주택) 정책을 '질적 주거 정책'으로 패러다임을 전환해 가야 한다.

기존의 물량 중심의 주택종합계획이 주거종합계획으로 대체되는 등의 제도 변화를 충실히 반영할 후속 조치가 필요하다.

또한「주거기본법」에 근거한 유도 주거 기준 등 제반 주거정책이 제자리를 잡을 수 있도록 제반 시책을 마련하여 추진해야 한다. 법상 최저주거기준(주택법 제5조의 2~3, 주거기본법 제17조) 및 유도 주거기준(주거기본법 제19조)을 명확히 설정하여 제시하고 이를 주거 안정 및 주거복지정책의 실현 수단으로 활용할 필요가 있다. 실제로 선진국에서는 최저 주거 기준에 미달하는 주거지에 대해서는 적극적으로 행정 조치하는 등 주거 기준을 규제 수단의 일환으로 활용하고 있다. 예를 들어 미국의 경우 최저 주거 기준에 미달하는 주택의 경우 정부의 주거 바우처 보조금 수령 자격을 제한하고 있으며, 영국은 최저 주거 기준을 위반하는 경우 강제 퇴거나 철거 명령을 내릴 수 있도록 하고 있다.

절대적으로 부족한 임대주택 공급 문제에 대해서는 공공 부문과 민간 영역을 조화롭게 활용할 필요가 있다. 공공임대주택 공급과 더불어, 시장 중심의 민간(기업 임대, 개인 임대, 사회적 임대)의 참여를 획기적으로 확대해가야 한다. 부분적으로 시행 중인 주택 바우처(주거 급여) 제도 등 주거 소비자의 구매력 제고를 위한 수단을 적극적으로 개발할 필요도 있겠다. (주택 바우처 제도에 관해서는 7절에서 상세히 살펴본다).

Scene 05

부동산
세금 문제의 해법

문재인 정부 4년 반 동안 굵직한 것만 해도 25회에 걸친 땜질 대책 남발로 부동산 정책에 대한 국민의 신뢰가 밑바닥으로 추락했다. 투기 세력을 잡겠다며 대출 규제와 더불어서 세금 폭탄으로 엄포를 놓고 있지만, 집값 불안과 전월세난은 진정될 기미가 보이지 않는다.

앞서 1부에서 살펴봤듯이, 이른바 7.10대책 부동산 관련 세금 3종 세트 중과가 서민들과 실수요 1주택자에게까지 '세금 폭탄'이 된 것이다. 집을 팔 때도(양도세), 구입할 때도(취득세), 보유할 때도(종부세와 재산세) 큰 폭으로 인상된 세금을 내야 한다. 한마디로, 사지도, 팔지도 보유하기도 부담스러운 상황이며 이러한 세금 폭탄을 피해 '똘똘한 1채'라는 신조어가 생겨나기도 했다.

정부의 밀어붙이기식 부동산 세금 인상에 따른 부담을 국민들도 제대로 체감하기 시작했다. 해마다 불어날 세금 앞에 국민의 고통지수도 더불어 늘 것이다. 늦었지만 지금이라도 부동산 과세를 정상화해야 한다. 이를 위한 몇몇 부동산 세제 개선 방향을 제시한다.

조세 원칙을 무시하지 않는 과세

첫째, 1주택 실수요 가구의 세금 부담을 완화하되, 다주택자에 대한 세금 역시 선진국 수준으로 유지하는 것이 바람직하다. G7 등 세계 주요 선진국과 비교해볼 때 우리나라 1주택자의 세금 수준은 아직은 낮은 편이다.

하지만, 문재인 정부에서 징벌적으로 부과하고 있는 각종 부동산 세금으로 다주택자뿐 아니라 1주택 실수요자까지 경제적 부담이 커지고 있다. 또한, 다주택자의 경우 미국 등 선진국의 두 배에 가까운 부동산 세금 부담을 안고 있다.[2] 또한 다주택자가 세금을 더 내는 것은 맞지만 조세 형평성을 해칠 정도의 징벌적 수준은 곤란하다.

따라서 1가구 1주택자 등 실수요자에 대해서는 보유세 부담 경감 등 세제 혜택을 통해 세금 부담을 줄이되, 다주택자를 겨냥한 양도세와 거래세 등의 중과는 선진국 수준으로 완화하는 것이 바람직하다. 덧붙여, 양도세의 일시적 감면을 통해 시장에서의 거래 활성화를 유도해야 한다.

둘째, 무주택자들의 내 집 마련의 꿈을 실질적으로 지원하는 세제를 지향해야 한다. 청약가점제, 주택담보대출 확대 등 다양한 행정적 지원이 가능하지만, 무주택자를 위한 세제 측면의 지원도 매우 긴요하다.

예를 들자면, 청년이나 신혼부부 등이 생애 최초로 주택을 구입할 때는 취득세를 경감하고 면제 기한도 연장해 줄 필요가 있다. 현재

---

2) 한국국제조세협회의 연구에 따르면 서울 3주택자의 부동산 세금 부담은 G7 국가 중 최고 수준으로 도쿄의 1.75배, 뉴욕의 2배, 런던의 3.75배로 나타났다(2020.12.4).

도 지방세특례제한법에 취득세의 50%를 경감할 수 있는 내용을 담고 있지만, 대상 주택이 3억 원(수도권은 4억 원), 전용 60평방미터 이하만 가능하다. 이러한 기준은 집값이 천정부지로 올라버린 현실과 여유 있는 공간을 선호하는 세태를 반영하지 못하는 실정이다. 따라서 향후 6억 원(수도권은 7억 원), 전용 85평방미터 이하로 대상을 늘려주는 것이 바람직하다. 또한 소득 기준도 지금은 부부합산 7천만 원 이하로 되어 있는데 현실을 반영하여 9천만 원 이하로 확대할 필요가 있다.

셋째, 보유세 강화는 거래세의 과감한 인하와 동시에 추진되어야 한다.

2부에서도 살펴봤듯이 우리나라 재산 과세(보유세+거래세) 비중은 선진국에 비해 3배 정도 높은 편이다. 물론 보유세의 경우는 OECD 평균 수준이 되고 있지만 취득세 등 거래세 비중은 5~7.5배에 달한다. 이런 사정임에도 문재인 정부의 세제개편은 지나치게 높은 거래세 부분은 배제한 채 보유세 증세로만 세제를 맞추고 있다.

사실 지금과 같은 높은 거래세는 거래에 따른 부동산 취득과 임차 비용이 커져 국민 가계 살림의 부담을 가중시키고 있다. 특히 요즘과 같은 경기 침체기에는 시장 거래의 위축을 가져와 경기 흐름을 위축하는 요인으로 작용한다. 따라서 거래세를 과감히 인하할 필요가 있다. 개편 방안의 하나로, 거래세의 법정 세율 상한을 취득세 및 각종 부가세를 포함하여 2% 이내로 한정하는 것도 좋을 것이다.

일부에서는 거래세 인하로 세수가 감소될 거라는 우려도 있으나, 세금 인하에 따른 부동산거래 증가 효과로 세수의 실질 감소 폭은

별로 크지 않을 것이다. 오히려 거래 증가에 따른 세수 증가도 기대할 수 있다. 거래세 인하에 따른 지방세원 감소 가능성 문제는 중앙 정부가 지방 세수를 추가로 보전하는 조치를 취할 수도 있을 것이다.

넷째, 크게 오르고 있는 공시가격 인상의 속도를 조절하여 국민의 부담을 줄여 줄 필요가 있다. (이어지는 다음 절에서 공시가격 문제의 해법에 관해 상세히 살펴본다).

다섯째, 선진국에서 시행 중인 '과세이연제'를 도입해서 거주이전을 해야 하는 1주택 국민뿐 아니라 소득이 없는 은퇴자와 고령자를 보호할 필요가 있다.

정부는 3종 세금 세트의 높은 세율은 다주택 투기자나 갑부, 거대기업에만 적용되며 일반 국민은 무탈하니 안심하라는 편 가르기식 정치적 제스처를 취하고 있다. 과연 그럴까? 양도세만 보더라도 거짓임을 금방 알 수 있다. 대폭 오른 양도세로 실수요 1주택자들의 부담까지 적지 않게 늘었다. 한꺼번에 모든 문제를 해결할 순 없지만 양도세 문제의 해법이 있다. 바로 양도소득에 대한 과세를 유예해주는 것이다.

미국의 경우 50만 달러(약 6억 원)까지는 양도세를 감면하고, 그 이상의 차익에 대해서만 과세한다. 이마저도 유예 신청을 할 수 있다. 가령, 살던 집을 팔 때 양도 차익이 생기더라도 그 차익보다 더 비싼 집을 사면 양도세를 내지 않고 유예 신청을 할 수 있다. 만일 집값이 떨어지게 되면 (한국에서는 납부한 세금을 돌려주지 않지만)

세금을 돌려받는 효과를 얻는 것이다. 한마디로 2년 이상 실거주하는 경우 양도소득세 부담이 거의 없다.

부동산 세금에 관하여 꼭 하고 싶은 말이 남았다. 국민의 공감대 아래 마련된 부동산 세제 개편이라면 정치적 표심에 춤을 추는 조세 저항에 일희일비(一喜一悲)하지 말고 중단 없이 추진하는 것이 바람직하다는 것이다.

바람직한 공시가격 수준과 인상률

2부에서 살펴봤듯이 정부의 '부동산 공시가 현실화 계획' 등에 따른 공시가의 급속 인상으로 유주택자와 무주택자, 부자와 서민 등 관계없이 납세자 모두의 고통이 가중되는 결과를 초래했다. 여기에서는 이러한 공시가 급속 인상의 문제점을 해소하기 위한 4가지의 정책 개선 방안을 제시한다.

첫째, 공시가 인상 속도를 줄이거나 일시적으로 동결할 필요가 있다.

사실, 공시가 현실화는 조세 형평성 차원에서 바람직한 측면이 있다. 무엇보다 단독 주택과 아파트 간 현실화율 격차도 점차 줄여나갈 필요성도 있다. 하지만 현 정부의 밀어붙이기식 급속 인상이 초래하는 부작용과 국민이 받는 고통이 너무나 크다.

따라서 시세반영률 목표와 속도를 다소 줄여나갈 필요가 있다. 현실화율의 목표를 90%에서 80% 수준으로 하향 조정하고, 목표치 도달 기간도 5∼10년에서 13∼20년(공동주택 기준)으로 완화할 필요가 있다. 지난 수년간의 급격 인상에 따른 충격을 일정 부분 완화해 주기 위해서 한 해 정도는 동결하는 것도 나쁘지 않을 것이다.

지난 5월 정치권에서 '공시가 인상 상한제'(공시가 캡) 도입을 제안하기도 했었다. 즉 상한을 직전 연도 공시가의 5% 이내로 제한하되 올해 공시가부터 즉시 적용토록 하는 내용을 담고 있었는데[3] 역시 적극적으로 검토해볼 정책 방안이라고 생각한다.[4]

둘째, 공시가 결정 시 국회 동의 절차를 의무화하도록 관련법을 개정해야 한다.

공시가를 지금과 같이 정부가 독단적으로 결정하는 방식은 조세 법정주의를 위배하는 것이다. 공시가의 변동은 2부에서도 상세히 살펴보았듯이 부동산세, 재산세, 건강보험료 등에 영향을 미쳐 실제 세율이 변동하는 것과 같은 효과를 초래한다.

또한, 정부에서 추진하는 공시가 현실화가 상당 부분 정치적 이념이 반영된 이른바 핀셋 증세, 꼼수 증세의 수단으로 악용될 가능성이 있으며, 이를 사전에 차단하기 위한 장치로서 국회 동의 절차가 필요한 것이다.

이러한 방안 역시 국회에서 입법안으로 제안되기도 했다. 지난 2020년 11월에 국민의힘 배준영 의원이 '부동산 가격공시에 관한 법

---

3) 야당인 국민의힘에서 '5.24·부동산정책 발표'를 통해 제시된 안이다. 또한, 같은 정당 소속 5개 지자체장들은 2021년 5월 18일 건의문을 통해 공시가 동결 등 요구하기도 했다.

4) 2021년 4.7서울시장 재보선을 앞두고 민주당 후보가 '공시가 연간 상승률 상한제'(공시가 캡) 도입 공약을 급조해서 발표하기도 했었는데, 당시 국토부에서는 '형평성' 훼손 이유로 반대 입장을 표명하기도 했다(2021.4.6.).

률' 일부 개정안을 대표 발의했는데, 그 요지가 바로 정부의 공시가 결정 시 국회 동의 절차를 의무화하는 법안이다. 또한, 일부 지자체에서는 공시가에 대한 팽배한 국민 불신 문제 해소를 위해 지자체가 공시가격 산정 등의 권한을 갖고 참여할 수 있도록 관련 법·제도의 개선을 주장하기도 했다.

셋째, 시가 대비 70~80% 수준을 유지하는 것이 바람직하다.

공시가 제도가 올바르게 시행되기 위해서는 작금과 같은 급속한 인상보다는 장기적 관점에서의 단계적 접근이 바람직하다.

이와 관련해서 어느 수준이 적정한가, 연간 인상률 수준은 어느 정도가 바람직한가 등에 대한 사회적 합의 내지 국민적 공감대 형성이 우선적인 과제다. 무엇보다 현재의 60~75% 수준을 5~10년 이내에 90%로 일괄 적용하겠다는 정부의 '부동산 공시가 현실화율 목표' 자체가 비현실적이고 바람직하지 않다. 부동산 시세는 예상을 벗어나 급등락하거나 장기간 상승 또는 하락하는 경우도 적지 않으며, 가격 자체를 정확히 평가하기 어려운 여건도 고려해야 하기 때문이다.

이러한 실정을 종합적으로 고려할 때 적정 공시가는 시가의 70~80% 수준이 바람직하다고 본다.

더불어서, 공정시장가액비율을 적의 조정하여 국민의 조세 부담이 급증하지 않도록 하는 정책상의 배려도 필요하다.

장기적으로는 부동산세, 특히 부동산 보유세 산정 방식의 전면적인 손질이 필요하다.

‘불합리한 세제의 정상화가 공시가 현실화의 목적’이라는 현 정부 주장의 진정성을 담보하기 위해서는 공시가에 관련된 각종 부동산세의 개편도 함께 추진되어야 한다. 이를 뒷받침하기 위해 공시가에 관련된 제반 법 규정을 전반적으로 재정비할 필요가 있다.

전월세
난국의 해법

1부와 2부에서 작금의 전월세난의 현주소와 원인에 관해 다양한 각도에서 진단해 보았다. 덧붙여서 주된 배경이 되는 임대차법 개정에 따른 부작용 해소 대책의 시급함과 무엇보다도 임대차 주택의 공급 확대와 거래 활성화가 대책의 근간임을 강조했었다. 이제 구체적인 대책에 관해 고민해볼 차례다.

시장 이기는 규제 없다

전세 대란의 주범은 임대차 3법의 졸속 시행이다. 180석을 가진 거대 여당이 서민과 임차인을 위한다는 선의를 앞세워 국민을 상대로 일방적으로 선전 포고를 한 것이다. 지난해 7월 30일 전월세상한제와 계약갱신청구권제 등을 포함한 임대차법 개정안이 국회 본회의를 통과하자 여당 지도부는 마치 전승기념 축하연을 하듯 환호했다.

이들의 오만을 시장은 전세 대란, 임대차 대재앙으로 응징했다. 임대차 규제의 피해는 고스란히 저소득 빈곤층 세입자에게로 돌아갔다. 임차인의 실질적 주거 안정을 명분으로 강행 도입한 임대차 3

법이 서민의 주거 안정을 해치는 부메랑이 되고 있는 것이다.[5]

전세 매물 잠김 현상 심화로 전세 가격이 폭등하고, 일부 지역에서는 전세 가격이 매매 가격을 초과하거나 근접한 이른바 깡통전세 대란도 우려되는 실정이다. 반전세·월세 비중 증가로 전세에 의존해왔던 저소득 세입자의 경제적 부담이 가중될 뿐 아니라, 치솟는 전세가에 서울 중심지에서 외곽으로, 경기권 밖으로 거주지를 옮겨야만 하는 이른바 전월세 시장의 젠트리피케이션 현상으로 서민의 주거환경이 악화일로다.

임대차 규제를 강화할수록 전세난은 확산하며, 그로 인해 임차인의 주거가 불안해짐은 이론적으로뿐만 아니라 실증적으로도 입증된 사실이다.

전월세상한제(price ceiling)와 계약갱신청구권 제도의 최대 피해자는 저소득 임차인이다. 단기적 억제 효과와 기존 임차인을 보호하는 효과는 일부 있을 수 있지만, 물량 감소, 임대료 상승, 임대주택의 품질 저하 등으로 임차인, 특히 경제적 여력이 없는 저소득·빈곤층 임차인을 임대시장에서 배제하게 된다.

임대차 규제를 시행했던 미국, 영국, 독일, 일본 등에서도 성공한 사례를 찾아보기 힘들다. 임대차 규제 정책은 집주인과 임차인 간 갈등 조장과 같은 편 가르기를 통한 득표라는 정치적 계산이 깔린 사실상 포퓰리즘 정치에 가깝다는 것이 정설이다.

---

5) 임대료 증액을 제한하는 전월세상한제 및 '2+2'의 장기 계약을 보장하는 계약갱신청구권은 2020년 7월 30일부터 시행 중이며, 임차인의 보증금 보호를 위한 전월세신고제는 2021년 6월 1일부터 시행되었다.

난국 탈출을 위한 단·장기 처방

문제의 근본 원인은 전월세의 수급 불균형이며, 따라서 그 해법은 임대주택의 공급을 늘리고 수요를 줄여가는 것이다. 그러한 관점을 바탕으로, 전세가 급등 등의 현안 문제에 대응한 단기적 방안과 주거 생활자의 주거 안정을 위한 중·장기적 방안으로 구분하여 두 가지 관점에서 살펴보겠다.

단기적으로는 작금의 전세난을 진정시키고 중장기적으로는 임대주택의 수급불균형 문제를 해소하기 위해 주택·주거 정책에 바탕을 둔 근본적 대책을 마련하는 것이다. 현 정부에서 25번째 부동산 대책의 하나로 제시한 이른바 '중형 공공임대 확대' 등을 포함한 전월세 대책은 (그 시기도 불투명하지만) 근본적 해결책이 될 수 없다.

① 단기적 대응

우선 정책의 주체인 정부가 나서서 솔직하게 전월세 대책을 포함한 부동산·주택 정책의 실패를 사과하고, 하루빨리 문제점을 해소해나가겠다는 의지 표명이 급선무다.

지금까지 정부는 사과는커녕 정책 실패를 인정하는데도 인색했다. 긍정적 효과 측면을 부각하는 데 급급했다. 국정의 최고책임자인 대통령이 마지못해 "죽비 맞았다"라는 표현으로 에둘러 인정하는 듯했지만 잘못된 정책 방향에 대한 수정은 단호히 거부했다. 잘못에 대한 인정과 반성 없이는 제대로 된 정책이 나올 리 만무하다.

그러한 잘못된 정책의 수정 의지 아래, 급격한 과세 강화와 대출 규제 강화, 그리고 임대차 3법의 졸속 시행에 따른 문제점 해소를 위한 단기 대응책이 요긴하다.

구체적으로 살펴보면, 실거주 요건 등 재건축 규제를 일시적 완화하거나 임대주택사업자의 임대주택 매각을 용이하도록 양도세의 일시적 감면 등을 통해 전세 시장의 회전율을 높여나가야 한다. 또한 임대차 2법(전월세상한제·계약갱신청구권)의 부작용을 줄여 임대차 시장을 안정화시킬 보완책을 서둘러 찾아야 한다. 일각에서는 임대차 2법의 시행 유예나 폐지까지 주장하고 있지만, 현실적으로 원래의 상태로 되돌리기는 쉽지 않아 보인다. 잦은 제도 변화에 따른 부작용 등 더 큰 시장의 혼란이 초래될 수도 있기 때문이다. 그렇더라도 세계적으로도 유례를 찾아보기 힘든 전면적 임대차 2법의 시행 문제는 근본적으로 재검토가 필요하다.

무엇보다도, 정부가 "주택 시장에 대한 과도한 개입을 지양하겠다"라는 의지에 대한 믿음을 국민에게 심어주어야 한다. 그러한 의지를 천명하고 이를 실천하는 일련의 조치만으로도 작금의 전세 대란 문제를 상당 부분 해소할 수 있을 것이다. 시장을 억누르는 부동산·주택 정책은 결코 성공할 수 없다.

덧붙여서, 공공임대뿐 아니라 준공공임대주택의 공급을 늘리는 정책을 추진할 필요가 있다. 기존의 전세매입임대, 장기전세주택 등 공공임대주택 공급을 지속적으로 추진하되, 준공공임대주택을 활성화하여 뉴욕 시처럼 임대료 관리가 가능한 민간 주택을 늘려가야 한다. 예컨대, 준공공임대주택으로 등록한 민간 임대인이 전세 방식으로 임대할 경우, 손실 부분(월세 수익률-전세 수익률)을 세액공제 또는 소득공제 등을 통해 보전해주는 제도가 필요하다.

어떤 정책이든지 적절한 시점을 놓치면 정책의 기대 효과가 반감되거나 아예 없어질 수 있다. 아니 없느니보다 못한 경우도 있다. 공급의 탄력성이 매우 낮은 주택이나 임대 서비스를 대상으로 하는 정책은 더더욱 그렇다.

② 중·장기적 대응

무엇보다도, 임대주택의 공급이 획기적으로 늘어나야 한다. 정부의 공공임대주택, 행복주택, 서민주택만 가지고는 수요 충족이 어려울 뿐 아니라 임대 시장을 왜곡할 수 있다. 지역 주민의 님비(NIMBY) 현상과 지방선거 등으로 정부가 약속한 공공임대주택의 공급도 원활하지 못할 수 있다.

대안은 민간의 임대사업이다. 다주택 개인의 임대사업뿐 아니라 일본과 같은 기업형 임대사업이 자리 잡아서 서민들이 이용할 임대주택이 시장에 많이 나와야 한다. 정부의 과감한 지원과 규제 완화가 필요한 부분이다. 중·장기적 관점에서 생각해 볼 수 있는 몇몇 대응책을 살펴보겠다.

현실적이면서도 중요한 주거 정책의 방향은 민간주택임대 활성화다. 전세나 월세도 개인이나 기업이 임대사업자가 되어 주택임대시장에서 역할을 하도록 민간 임대사업을 지원하는 것이다.

정부가 검토 중인 이른바 '중형 공공임대 확대' 등과 같은 직접적인 공공임대주택 건립 방식은 공급 시기 및 재정적 한계 등의 제약이 있으므로, 민간임대주택의 공급 확대는 비정상적 전월세 문제에 대응하는 보다 현실적인 방안이다. LH가 민간 단독주택을 리모델링하는 방안 또는 관련 사업을 민간에 위임하여 수행토록 하는 방안 등이 가능할 것이다.

건설위탁형보다는, 매입위탁형이나 임대 리츠 형태로 장기임대인을 육성해 가야 한다. 현실적으로 건설위탁형 주택임대사업은 건설기업의 조기 자금 회수 제약으로 공급이 원활하지 못할 가능성이 있기 때문이다.

선진국에서 일반화된 이른바 '사회적 임대인(social landlord)' 제도를 육성하는 것도 바람직한 대책이다. 협동조합, 종교단체, 사회단체 등이 운영의 주체가 되는 사회적 임대인 제도는 공익적 목적에 부합되는 임대사업자이기 때문에 장기임차가 임대사업의 주요 목적 중 하나다.

우리나라에서는 아직 초기 수준인 주택임대관리회사를 활성화할 필요가 있다. 주택임대관리회사는 건설위탁, 매입위탁, 리츠형의 임대사업자와 함께 전문 주택임대관리기능을 제공할 수 있다. 개인 임대인들로부터 위탁 또는 서브 리스 형태로 임대 관리 업무를 대행하면서 새로운 임대사업자로도 성장할 수 있도록 하면 된다.

2~3년 이후의 (국지적) 역전세난과 전세보증금 미반환 위험성에 대한 대비도 필요하다. 과거에도 수요 억제 일변도 정책으로 인해 깡통전세 문제를 포함, 거래 절벽으로 하우스 푸어 현상, 주택 시장

의 양극화 심화 등 주로 서민이 희생양이 된 여러 문제가 전세난 이후 이어져 왔다.

매번 강조하지만 전월세 대란 문제를 포함한 주택·주거 문제는 장기적으로는 시장에 맡기는 것이 보다 더 현명한 정책이다. 시장을 거슬러 졸속 시행된 임대차 2법만이라도 원래 상태로 되돌릴 수 있다면 전세 물량 공급이 늘어나 전세 대란 현상이 누그러질 것이다.

시장의 수급 원리를 무시한 현 정부의 수요 억제형 규제 강화 정책과 편 가르기식 과세 강화 정책, 그리고 지역 특성과 수요 특성을 고려하지 못한 공급 대책에 대한 근본적인 재검토가 필요한 시점이다.

Scene 07

더불어 중요한 정책
아이디어들

대부분의 사람은 '소비가 미덕'이라는 말에 동의하지 못한다. 주어진 소득 범위 내에서 현재의 소비 생활을 해야 하기 때문이고, 병원 치료비나 자녀 혼수비 등 장래에 발생할 자금 수요를 감안하여 돈을 모아야 하기 때문이다. 본능적 소비 욕구를 억누른 채 저축에 매달려왔던 우리나라 국민들의 모습이 안쓰럽기까지 하다.

대부분의 사회 초년생과 신혼부부들이 바라는 꿈은 사랑하는 가족을 위한 보금자리를 갖는 것이고, 사회 중년생의 기대는 안락한 노후를 위한 고정된 수입원을 마련하는 것일 게다.

수십 년간 소비자의 권익 옹호와 민생 경제 활성화를 위해 일해 온 저자는 이러한 소박한 사람들의 꿈이 한순간에 날아가는 경우를 종종 보아왔다. 특히 집이나 상가, 토지와 같은 부동산을 거래할 때 예상 못 한 사기를 당하거나, 크고 작은 실수로 큰 손해를 보는 경우도 적지 않았다.

안전한 부동산거래를 위한 지침

부동산을 사고팔 때는 그 어느 때보다 신중함이 필요하다. 일반 상거래와는 달리 수개월의 계약 이행 기간이 소요될 뿐 아니라, 일반인이 이해하기 어려운 여러 법률 문제가 개입된다. 대부분의 소비자는 중개인이나 법무 사직원이 제시하는 정보에 의존하여 거래하는 경우가 많다 보니 뜻하지 않은 손해를 입기도 한다.

피해 사례는 매우 다양하다.

계약 시 열람해본 등기부 등본에는 아무 문제가 없었지만 잔금을 치르고 입주할 시점에 보니 다른 사람에게 권리가 넘어갔거나 경매에 넘겨진 사례, 팔리지 않는 부동산을 판매대행업자에게 의뢰했다가 사기를 당하고 해당 부동산의 등기상 권리를 통째로 빼앗긴 사례, 개발기대지역에 횡행하는 이른바 '딱지'라는 입주권을 샀다가 나중에야 이중 거래임을 알게 되어 수십 년 모아온 재산을 한꺼번에 날린 사례, 기획부동산의 권유에 따라 지적도(地籍圖)와 같은 서류들만 믿고 샀던 부동산의 가치가 설명과는 전혀 달라 피해를 본 경우 등등.

근래에는 중개업자와 짜고 자신의 주민등록증을 위조해 수천만 원의 계약금을 가로챈 사례도 있었다.

사실상 관행처럼 이루어지는 부동산 매매와 임대차 계약에서는 이중거래와 같은 사기나, 계약의 중도파기 등에 따른 피해가 발생될 소지가 적지 않다. 일반 서민의 경우에는 부동산을 매매해 본 경험이 부족하기 때문에 그 가능성이 더욱 커진다.

부동산거래에서 피해를 당하지 않기 위해서는, 무엇보다 조심하고 또 조심하는 것이 최선이다.

사려고 하는 부동산은 현장을 직접 확인하고 등기부와 같은 공적 장부상의 권리 변동 확인은 필수 중의 필수다. 특히 전세계약의 경우 임대인의 신분증과 등기부등본을 필히 눈으로 확인하고 사본을 받아두는 것이 좋다. 부득이하게 대리 계약을 해야 할 경우에는 위임장과 인감증명서를 확인하고 복사본을 확보해 놓는 것이 바람직하다. 요즘은 어렵지 않게 주민등록증이나 공문서를 위변조할 수 있기 때문에 정부에서 운영하는 신분증 진위확인 **ARS** 전화인 1382로 전화하거나 전자정부 홈페이지인 '정부24'(www.gov.kr)에 접속해서 주민등록증 진위 여부를 손쉽게 확인할 수 있다.

구입하거나 세 들어갈 부동산이 아무런 담보 없이 깨끗하면 좋겠지만 다소간의 근저당이나 유치권 등이 설정되어 있다면 신중해야 한다. 싸다고 무턱대고 사거나 세를 든다면 크게 후회할 수 있다. 특히나 설정된 채무액이 시세의 **60%**가 넘거나, 근저당권 금액과 전세금의 합산 액수가 시세의 **70%**가 넘어간다면 구입이나 전세 입주 계약을 다시 생각해봐야 한다.6) 선순위 권리자가 경매 절차에 들어갈 경우 낙찰 액이 시세의 6~70%에 못 미치는 경우도 흔하기 때문이다. 그렇게 되면 해당 부동산 매수자나 세입자는 일정 부분 손실을

---

6) 부동산거래에서는 근저당권이란 용어가 종종 사용된다. 은행 대출 시 '아파트를 잡히는' 행위로 이해하는 경우도 많지만, 법률 용어여서 명확히 알기 어렵다. 우선 저당권의 의미를 보면, 채권자가 채무자에게 돈을 빌려주면서 갚지 않을 경우, 저당 잡힌 담보 물건에 대하여 다른 채권자보다 우선하여 변제받을 수 있는 권리를 말한다.
근저당이란 말은, 채무자가 채무를 이행하지 못할 경우를 대비하여 해당 담보물에 대해 미리 저당권을 설정해두는 것을 말한다. 근저당은 향후 저당물 가치의 증감, 가치가 변동하는 채권 등을 담보하는 것이어서 확정 금액이 아닌 '채권최고액'을 등기로 기입하는 것이 일반적이다. 따라서 채권최고액은 '원금+이자+위약금+기타 발생 가능한 손해배상' 등이 모두 포함된 것으로 생각하면 된다.

보게 되고 법적으로도 보상받을 길이 없다.

특히 임대차 계약의 경우 발생될지도 모를 낭패를 피하기 위해 전입신고와 확정일자를 반드시 받아놓아야 한다. 주택임대차보호법에는 대항력을 갖춘 세입자는 계약한 주택이 경매에 붙여지더라도 우선변제권을 보장하고 있다. 따라서 계약 시 등기부등본을 열람해서 설정된 근저당 액수를 확인하고, 주민센터에 전입신고하면서 계약서에 확정일자를 받아놓아야만 대항력이 생기게 된다. 그런데 집주인이 혼자서 혹은 중개인과 모의하여 잔금을 받고 바로 대출을 일으켜 가압류나 근저당을 설정해버려 이후에 받은 확정일자가 효력이 없어지는 낭패도 종종 발생한다. 그러므로 가능한 이사 당일에 전입신고와 확정일자를 받는 것이 좋다.

무자격(무등록) 중개업소에 따른 피해도 이따금 생기는 만큼 정식으로 허가받은 업소인지도 확인해 봐야 한다. 부동산중개사무실에는 공인중개사 자격증과 등록증, 공제증서, 중개보수표 등이 벽이 걸려 있는데, 자격증과 등록증에 나와 있는 사진과 실제 중개업자가 동일인인지도 확인하는 것이 좋다. 가짜 사기꾼 중개업자와 부동산거래 시 중개 사고가 일어나게 되면 그 피해는 고스란히 의뢰한 사람의 몫이 된다.

이와 같이 거래 당사자인 소비자의 주의가 무엇보다 중요하지만, 한편으로 이러한 부동산거래에서의 위험한 관행으로 인한 피해를 줄일 수 있는 제도적 장치가 필요한 시점이다. 부동산거래에 있어 위조나 이중거래, 사기로 인한 권리상 하자를 예방하고, 매수·매도자 간의 계약 파기로 인한 거래 위험 등 사후적인 피해를 보상받을 수 있는 장치가 있다. 바로 에스크로(escrow) 서비스다.

부동산 에스크로(escrow) 서비스

전셋집에 들거나 집을 매매할 때 '간 크게' 행동하는 경우가 의외로 많다. 달랑 매매계약서 한 장만 믿고 거액의 계약금을 지불하고, 권리 이전도 안 된 상태에서 중도금을 낸다. 이러다 보니 이중거래 사기나 계약의 중도 파기에 따른 피해가 종종 발생한다.

현행 법률상 이런 피해를 보상받을 수 있는 경우는 제한적이다. 중개업자의 고의나 과실이 분명한 경우에는 '공인중개사법'에 따라 1억 원 한도에서 보상받을 수 있지만 나머지는 모두 당사자 책임이다.

이러한 합리적이지 못한 관행들로 인한 부동산거래 피해를 줄일 수 있는 제도적 장치의 하나가 에스크로 서비스다. 에스크로는 중립적인 제3자나 기관이 쌍방 대리인의 자격으로 매매에 관련된 보증금이나 보증 또는 그것에 해당하는 재산과 서류 일체를 계약 조건이 종료될 때까지 예치하고 보관해 주는 서비스다.[7]

에스크로를 이용하면 부동산거래에 필요한 대부분의 업무를 에스크로 사업자가 대행하기 때문에 위조나 사기, 계약서의 분실에 따른 위험을 피할 수 있다. 계약이 중도 파기될 경우에도 에스크로 사업자가 계약 내용에 의해 보관된 매매대금을 분배하게 되므로 분쟁의

---

7) 에스크로 서비스는 부동산 등기 제도와 통일된 부동산법이 없는 미국에서 처음 고안되었으며, 구매자와 판매자 간 신용 관계가 불확실할 때 제3자가 상거래가 원활히 이루어질 수 있도록 중계하는 매매 보호 서비스를 의미한다. 미국에서 부동산 에스크로 서비스가 어떤 모습인지 간단히 소개한다.
미국에서는 에스크로 업체, 변호사, 은행, 권원보험회사 등이 제3자의 입장에서 부동산거래에 관한 전반적인 사무 수속 서비스를 제공하는 것을 일반적으로 에스크로라고 부르고 있다. 에스크로 업자는 매수인은 계약금을, 매도인은 권리증서를 받아서 부동산의 권리 내지 물적 하자, 관련 세금의 체납, 거래 조건의 이행, 매매대금의 완납 등 거래 절차상의 모든 과정을 확인한 후 아무런 문제가 없다고 판단될 때 비로소 거래를 완결시키게 된다.

소지가 없어지거나 줄어든다.

이미 2020년에 개정된 '공인중개사법'과 해당 법 시행령에 이 에스크로 서비스가 '예치(금)'란 명목으로 가능하도록 되어 있다.8) 당시 예치금 제도는 투명한 부동산거래를 위해 미국의 에스크로 서비스 개념을 바탕으로 도입한 것이다. 하지만, 이 조항은 중개업자가 거래 당사자에게 예치금을 권고할 수 있다는 임의규정으로 되어 있는 등 제도가 활성화되지 못하고 있는 실정이다.

최근에는 일부 은행권을 중심으로 이러한 에스크로 서비스 도입이 추진되고 있어 조만간 본격적인 서비스가 제공될 수 있을 것으로 보인다. 하지만, 에스크로 사업자의 자격 기준과 같은 제도 정착을 위한 적절한 정부 지침(가이드 라인)이 없어 시행에 혼란이 예상된다.

그러한 배경에서 "부동산 매매대금 예치제 도입이 필요하다"라는 제목의 칼럼을 모 일간지에 실었더니 여러 곳에서 전화가 왔다. 대부분 부동산을 거래하면서 이런저런 불안함을 느꼈고, 그래서 우리나라도 그 제도가 빨리 도입되어 안전한 거래가 되었으면 좋겠다는 독자들의 의견이었다. 그런데 어떤 중개업을 하시는 분께서는 '그런 제도가 없어도 중개인이 다 알아서 한다'며 칼럼의 기사 내용에 대한 불만을 말씀하셨다. 동일한 어떤 사안에 다양한 생각과 주장이 있을 수 있음을 다시금 느꼈다.

---

8) 공인중개사법의 정식 명칭은 '공인중개사의 업무 및 부동산거래신고에 관한 법률'이다. 에스크로 제도는 공인중개사법 제31조(계약금 등의 반환채무 이행의 보장)에 명시되어 있다. 딱딱한 법문이지만 궁금한 독자를 위해 해당 조항을 각색하여 소개한다.
"개업공인중개사는 거래의 안전을 보장하기 위하여 필요하다고 인정하는 경우에는 거래 계약의 이행이 완료될 때까지 계약금·중도금 또는 잔금을 개업공인중개사, 금융기관, 신탁업자 등에 예치하도록 거래 당사자에게 권고할 수 있다. 예치된 자금의 관리·인출 및 반환절차 등의 사항은 대통령령으로 정한다."

어쨌든, 우리나라 부동산거래 관행을 한번 살펴보자.

집을 사거나 팔 때 매매계약서를 작성하고 난 뒤면, 권리 이전이 되지 않은 상태에서 수천만 원 내지 수억 원의 매매대금이 거래 상대방에게 직접 건네진다. 아직 이사 들기도 전에 수천만 원의 전세 계약금과 중도금이 오고 간다. 더욱이 언제나 일어날 수 있는 계약의 중도 파기와 같은 위험 상황을 고려하지 않고, 동일한 날짜에 매매나 전세자금을 그것도 연쇄적으로 주고받기로 계약을 맺으며, 실제로 그렇게 진행된다. 더욱이 이삿날이 주말이거나 전통 민속 신앙의 하나인 '손 없는 날'에 집중되다 보니 수표나 현금으로 거래대금을 주고받는 비율이 여전히 높은 편이다. 외국의 경우에는 상상조차 하기 힘든 위험한 거래 행태다.

부동산거래에서 계약 내용이 문제 없이 잘 지켜지면 다행이다. 하지만 집을 사거나 셋집에 들 때 사기당하거나 계약의 중도파기 등에 따른 예기치 않은 피해를 입는 경우가 우리 주변에서 종종 발생한다. 관행처럼 이루어지는 부동산 매매와 임차계약에서는 이러한 피해가 발생될 소지가 적지 않다. 그럼에도 현행 법률상 이러한 피해를 보상받을 수 있는 경우는 제한적이다. (앞글에서도 말했듯이) 중개업자의 책임이 확실한 경우에는 법에서 정한 한도 내에서 보상받을 수 있지만 나머지는 대부분 당사자 책임이다. 또한 법 테두리 내에서 보상받을 수 있는 경우에도 현실적으로 적절한 보상을 받지 못하는 경우가 허다하다.

이러한 위험천만한 부동산거래 관행에서도 안전한 제도적 장치가 부동산 에스크로 서비스다. 사실, 에스크로는 새로운 제도가 아니다.

미국의 경우 이 제도가 이미 관습법 형태로 정착되어 있기 때문에 부동산이나 사업체 거래에는 대부분 에스크로 과정을 거친다.

예컨대 주택을 사거나 팔 때 의뢰받은 에스크로 사업자는 중립적인 입장에서 모든 거래 과정이 계약서 조건대로 이루어지도록 관리해주며, 계약금을 포함한 중도금과 잔금을 맡아놓았다가 에스크로 종결과 함께 매도인에게 전달한다. 에스크로를 이용하면 부동산거래에 필요한 대부분의 업무를 에스크로 사업자가 대행하기 때문에 위조나 사기, 계약서의 분실에 따른 위험 등을 피할 수 있으며, 계약이 중도 파기될 경우에도 에스크로 사업자가 계약 내용에 의해 보관된 매매대금을 분배하게 되므로 분쟁의 소지가 없어진다. (미국의 경우 에스크로 서비스 수수료(escrow fee)는 대개 거래 금액의 약 0.4% 정도이며 매도인과 매수인이 반반씩 부담하는 것이 일반적이다).

이러한 에스크로 서비스는 부동산거래에서의 사기를 사전에 방지할 수 있을 뿐만 아니라, 거래대금 지급과 소유권 이전등기가 동시에 이루어진다는 장점도 있다. 다시 말해 잔금 후에도 등기이전이 되지 않아 낭패 보는 문제도 더 이상 문제되지 않는다.

뒤따르는 효과 중 하나는 관행이라는 이름으로 이루어지던 일부 음성적이거나 불법적인 거래를 차단할 수 있다는 점이다. 에스크로가 활성화되면 이러한 나쁜 관행에 따른 세금의 누수도 상당 부분 억제할 수 있을 것이다.

미국의 경우와 같이 다소 부담스러운 에스크로 서비스 수수료가 걸림돌이 될 수 있지만, 안전한 거래를 위한 최소한의 비용으로 생각한다면 그다지 아까울 것 같지는 않다. 선택은 주거 소비자의 몫이다.

부동산거래에서의 사기나 계약 파기 등에 따른 소비자 피해의 예방과 안심·안전한 부동산거래, 그리고 부동산 시장의 개방에 맞서기 위해서도 선진화된 에스크로 서비스가 조속히 정착돼야 한다. 에스크로 서비스는 부동산 금융을 취급하는 은행 등에서 관련 법 테두리 내에서 자율적으로 제공될 수 있지만, 제도 안착을 위해서는 우리에게 맞는 한국형 모델을 만들고, 에스크로 사업자의 자격 기준을 제시하는 등 정부의 적극적인 대처가 필요하다. 앞서 살펴보았듯이 부동산중개업법에도 이미 근거가 되어 있으므로 잘만 활용하면 신속하고 안전한 부동산 매매 관행을 새로이 창출할 수 있게 될 것이다.

부동산 중개수수료체계 개편 방안

앞서 1부에서 살펴봤듯이 치솟은 집값과 전월세로 인해 바야흐로 중개수수료 1천만 원 시대가 되었다. 집을 사고팔거나 임대차 계약을 해야 하는 주거 소비자에게 지워지는 경제적 부담이 더욱 커진 것이다.

이러한 문제점 때문에 개정된 지 7년이나 지난 중개료 체계를 현실에 맞게 개편해야 한다는 여론이 비등했다. 사실 현재의 중개수수료 체계는 2015년 4월에 일부 개정되긴 했지만, 지난 1984년 처음으로 제정된 이후 그 틀이 유지되어 요율이 현실화되지 않고 있는 실정이다.

정부에서도 문제점을 인식하고 중개업계와 함께 부동산 중개보수 개편을 추진해 왔다. 업계와 소비자, 학계 전문가들로 전담 태스크포스(TF)를 구성하여 논의를 계속해왔고, 지난 8월 20일 개편안을 확정하여 발표했다. 정부의 개편안을 보니, 최고요율을 적용하는 '고가주택' 기준이 9억 원에서 최대 15억 원으로 인상되었고 보수요율도 2%P 낮춰졌다. 연초 국민권익위원회에서 '12억 원' 기준을 권고한 적이 있었는데, 이는 최근 서울의 아파트 평균 가격이 11억 원을 넘어서 중개보수가 1천만 원이나 되어 소비자 부담이 크다는 여론을 의식한 것으로 보인다.

무엇보다 중요한 점은 주거 소비자의 지나친 부담을 낮춰야 한다는 점이다. 문제점투성이인 지금의 부동산 중개수수료 체계를 전면적으로 개편하여 실수요자의 수수료 부담이 줄도록 해야 한다.

무엇보다도, 현행 수수료 요율체계를 합리적으로 개편해야 한다. 매매나 교환뿐 아니라 전월세의 경우 공히 하후상박 형태의 상한요율이 바람직하다. 예를 들자면, <표 15>에서 보듯이 현재 매매(교환) 시 부동산중개료 상한요율은 거래금액별로 5개 구간으로 나뉘어 있으며 낮은 금액부터 0.6%, 0.5%, 0.4%, 0.5%, 0.9%의 구조를 하고 있다. 즉, '하후중박상후' 형태로 된 기형적 체계다. 물론 전월세의 경우도 마찬가지다(<표 15> 참조).

<표 15> 현행 부동산 중개보수 요율 및 개편 방안(예시)

거래 내용	거래 금액	상한요율	
		현행	개편 예시
매매·교환	5천만 원 미만	0.6%	0.6%
	5천만 원~2억 원 미만	0.5%	0.5%
	2억 원~6억 원 미만	0.4%	0.4%
	6억 원~9억 원 미만	0.5%	0.4%
	9억 원~12억 원 미만	0.9% 이하 상호 협의	
	12억 원~15악 원 미만		0.4% 이하 상호 협의
	15억 원 이상		

이를 하후상박 형태로 재조정하게 되면 거래 금액이 상승함에 따라 요율은 낮아져도 중개보수의 절대 금액은 증가하되 갑작스레 급증하게 되는 문제점은 해소될 수 있다.

1부에서 지적한 세입자와 집주인 간의 중개수수료 역전 문제를 해소하기 위해서도 중개보수 요율표 체계를 전반적으로 재검토하여 합리적인 방향으로 개편해야 한다.

이러한 현행 요율표를 개편하는 문제와는 별도로 집값과 전세가 변동에 따른 영향을 최소화하기 위한 방안이 있다. 즉 세금을 부과할 때처럼 '구간별 수수료율'을 적용하여 합산하는 방식이다.

예를 들어, 서울 평균가격 수준인 11억 5천만 원 아파트를 매매할 경우 현행 요율을 적용하면 1,035만 원(부가가치세 제외)의 중개수수료를 내야 하지만 대안에 따르면 5천만 원(0.6%)은 30만 원, 5천만~2억 원(0.5%)은 75만 원, 2~6억 원(0.4%)은 160만 원, 6~9억 원(0.5%)은 150만 원, 9억 원 이상(0.9%)은 225만 원이 되어 합산

하면 640만 원이 된다. 따라서 현행보다 395만 원이 줄어들게 된다.

물론 앞서 지적했듯이 현행 거래 금액 구간별 상한요율 체계 자체를 합리적으로 개편할 필요가 있으며, 그 바탕 아래 '구간별 수수료율 적용' 방식을 채택하게 되면 주거 소비자의 중개수수료 부담이 좀 더 줄어들 뿐 아니라 거래 금액 구간별 심한 격차 문제도 해소될 수 있을 것이다.

최근에 일부 법률 전문가들이 중개수수료 정액제를 시행하여 소비자들의 시선을 끌고 있다. 반면에 부동산중개 단체들과 갈등을 겪기도 한다. 또한 늘어나는 모바일 중개나 온라인 직거래로 기존 중개업의 입지가 좁아지고 있기도 하다. 이런 마당에 중개수수료를 둘러싼 분쟁이 늘어나면 업계에 대한 소비자인식도 악화될 수 있다.

정부와 중개업계가 함께 추진하는 중개수수료율 개편이 하루빨리 매듭지어져서 중개료를 둘러싼 불만과 갈등이 해소되기를 기대해 본다.

야무진 소비자가 간과해서는 안 되는 점이 있다. 법에서 정해놓은 수수료율은 말 그대로 '상한요율(upper limit)'이라는 것이다. 다시 말해 그 범위 내에서 소비자와 중개인 간에 서로 협의하여 적정 중개수수료를 도출하면 된다는 말이다. 주택 임대를 의뢰할 시점에 미리 수수료율을 상의하고 진행하는 것이 바람직하지만, 그렇지 못했을 경우에도 중개인이 요구하는 것을 모두 받아들일 의무는 없는 것이다.

역모기지론(주택연금)과 함께 평안한 노후를

초가을 산들바람과 함께 들과 산에는 코로나로 인해 마스크를 쓰긴 했지만 아침부터 밤까지 걷고 달리는 사람들로 붐빈다. 바야흐로 건강한 심신과 여유로운 삶으로 대표되는 웰빙(well-being) 바람을 타고 있다. 하지만 열심히 일해서 받는 월급으로 생활비와 자녀 교육비로 쓰기에도 빠듯한 서민에게는 이러한 바람이 그다지 달갑지 않다. 아직 내 집 장만의 꿈을 이루지 못한 경우 더욱 그럴 것이다.

대부분의 서민은 결혼 후 내 집 마련을 제일의 목표로 삼고 수입의 상당 부분을 주택 구입 자금으로 저축하거나 다른 투자를 한다. 그래서 결혼 후 몇(십) 년 만에 집을 장만했다는 것이 주된 화두가 된다. 이처럼 자기 집에 대한 애착이 큰 이유는 앞서도 말했듯이 부모 세대나 이웃의 집 없는 설움을 직접 겪거나 보아왔으며, 집이라는 것이 서민의 생활 안정에 필수품임을 알고 있기 때문일 것이다.

하지만 집값을 보면 웬만한 소형 아파트도 억대 중반이다. 매달 월급에서 수십만 원씩을 떼어 주택 구입 저축을 해오는 서민에게는 이런 집들이 쳐다볼 수 없는 그림 속의 떡이다.

그래도 살다 보면 좋은 일도 있으리라. 열심히 저축하고 모은 돈과 은행대출금(또는 부모님 찬스!)으로 집을 사거나, 수익성 있는 곳에 청약한 아파트가 당첨되는 행운이 찾아와 그리던 내 집을 장만하게 된다. 하지만 집 장만을 위해 금융기관 등에서 빌린 대출금은 은퇴할 시기가 되어서야 겨우 다 갚을 수 있게 된다. 평생을 집 한 채 장만을 위해 살았고 그 집 한 채가 재산의 전부인 것이 일반 서민의 일생이라고 해도 지나치지 않을 것이다.

선진국인 미국도 우리와 별반 다르지 않다. 오히려 출발점은 우리보다 더 불리하다.

예외적인 경우가 있긴 하지만 대부분의 미국인은 고등학교를 졸업하는 시점에 부모로부터 경제적으로 독립하는데, 취직해 월급을 타 봤자 공과금과 세금 내고 생활비로 쓰고 나면 남는 것이 별로 없다. 이런 서민을 위해 미국은 일찍부터 모기지론(mortgage loans)이라는 장기주택저당대출 제도를 도입해 집값의 10~20% 종잣돈(down payment)만 있으면 집을 마련할 수 있도록 하고 있다. 다만 이것도 형태만 다를 뿐 부채이므로 길게는 30년 동안 매월 일정 금액씩 갚아나가야 한다. 보통의 샐러리맨들은 은퇴 전후 60줄이나 돼야 빚을 다 갚고 진정한 내 집을 갖게 되는 것이다.

우리나라도 이미 주택연금(역모기지)이란 이름으로 모기지론이 도입됐으니 내 집 마련을 위한 제도 면에서는 미국과 다를 게 없다. 다만 미국과 우리가 다른 것은 집에 대한 사고방식이다.

우리는 집을 노후 생활의 불안감 때문에, 또는 자식에게 물려줄 상속분으로 생각해 무덤 가는 날까지 붙들고 있어야 할 필수 재산으로 보지만 미국인들은 그렇지 않다. 물론 미국의 경우 노인연금을 포함한 사회복지가 상대적으로 잘되어 있어 은퇴 후 생활에 큰 염려를 하지 않는 편이지만, 한편으로는 집을 담보로 노후 대책을 보장해 주는 제도 덕분이다. 상당수 미국인들은 은퇴 후 공적연금으로 최저 생활 수준을 유지하며, 소유한 집을 '역(逆)모기지(reverse annuity mortgage, RAM)'하고 금융기관에서 매달 융자금을 받아 비교적 여유 있는 노후 생활을 보낸다.

역모기지는 집을 금융기관에 담보로 잡히고 매달 연금 형태로 생활비를 받으며 일정 기간 이후 또는 사후에 집 소유권을 금융기관에 넘기는 금융 서비스 상품이다.

원칙적으로 은퇴한 노인을 대상으로 하는 이 제도는, 미국과 캐나다 등 선진국에서는 이미 20년 전에 정부 차원에서 사회보장 시스템의 하나로 도입됐다. 전형적인 예를 들면, 5억 원 담보 가치의 집을 가진 62세 노인이 10년간 집값의 50%를 받기로 은행과 역모기지론 계약을 하면 매달 200만 원, 20년간 받기로 하면 매달 100만 원 정도를 받을 수 있다. 계약 기간이 지나면 지정금융기관은 집을 처분하고 남은 돈을 계약자에게 돌려주며, 계약자는 언제든지 재계약을 할 수 있다.

우리나라에서도 일부 은행이 일종의 역모기지 상품을 내놓았으며, 정부 차원의 제도 시행과 한국금융공사를 통한 역모기지 상품의 판매가 이뤄지고 있다.9) 하지만 아직 그다지 활성화되었다고는 보기 힘들다. 내 집에 대한 집착이 특별하기 때문이기도 하지만, 역모기지 제도의 사회보장적 기능에 대한 정부 일각이나 서민들의 인식 부족 때문일 게다.

65세 이상의 노인이 800만 명을 넘어서 전체 인구의 15.7%를 점하는 선진국형 고령화 시대로 접어들었다는 점을 고려하면 노인들이 자녀에게 생계를 의존하지 않고 떳떳하고 안정된 노후를 보낼 수 있도록 하기 위해서도 좀 더 역모기지 제도가 활성화되도록 할

---

9) 지금은 한국주택금융공사와 일반 시중 은행이 '주택연금'이나 '주택담보연금대출' 등의 이름으로 이른바 역모기지론을 상품화하고 있지만, 저자가 동아일보에 역모기지에 관한 글을 소개했던 2004년 초만 하더라도 '역모기지'라는 개념은 매우 생소했다(『동아일보』 2004.5.10. 여론마당 "역모기지론 제도적 지원을"). 당시 칼럼 글이 게재된 후에 독자뿐만 아니라 정책을 담당하는 사람들로부터 여러 번 문의를 받기도 했다. (저자는 미국 캘리포니아주립대 대학원에서 부동산도시계획학을 공부했는데, 당시 졸업 논문 주제가 역모기지 주택금융을 포함한 저소득 빈곤층을 위한 주택 정책에 관한 것이었다).

필요가 있다.

이를 위해서는 선진국처럼 역모기지 주택에 대한 세금(재산세, 거래세 등)을 면제해주거나 대폭적으로 줄여주고, 보험 상품 개발과 가입 권유와 같은 제도적 지원책도 강구해야 한다.

미국의 경우 연방정부(연방주택국; FHA)와 모기지 전문기관인 패니메이(FNMA)가 주체가 되어 이 제도를 시행하고 있으며, 지정한 금융기관을 통하여 62세 노인들에게 연금 형태의 융자금을 지급해준다. 물론 지급 형태, 액수, 기간 등은 상품 종류와 계약 조건에 따라 다르다. 만일 계약자가 역모기지에 관련된 종신보험에 든 경우라면 계약 기간이 지나더라도 사망 시까지 보험사로부터 월 연금액을 계속 받게 되어, 계약 종료 시까지 생존해 있을 위험(!)을 피할 수도 있다.

'집 한 채와 함께 왔다가는 인생'인 것 같이 보여 역모기지 제도가 호감이 가지 않을 수 있다. 하지만, 수십 년 동안 열심히 수고하여 마련한 집 한 채로 인해 노년의 안정된 생활에 어느 정도 보탬이 될 수 있다면 얼마나 다행한 일인가.

바람직한 자녀 교육을 위해서라도 이제는 집을 상속 재산으로 보는 사회적 관념은 깨어져야 할 때다. 덧붙여, 장유유서(長幼有序), 부모봉양(父母奉養)은 옛말이요 친자녀에게까지 소외당하며 고통받는 노인들에 관련된 기사를 흔하게 접하는 오늘날 역모기지 제도는 이러한 사회적 병리 현상을 치유할 하나의 좋은 대안이 될 수 있다.

저소득 서민을 위한 '주택 바우처'

새 정부가 들어서거나 관련 부처 고위공직자가 바뀔 때마다 제시되는 단골 메뉴가 있다. 수십만 호의 공공주택(국민임대주택, 장기임대주택 등)을 임기 중에 지어서 무주택 저소득층의 주거 안정 기반을 다지겠다는 것이다.

하지만, 그러한 약속은 역대 정권을 통틀어 봐도 제대로 지켜지지 못했다. 예산 부족이나 정책의 우선순위에 밀렸기 때문이다. 그러다 보니 지금까지 공급된 공공주택 수는 정작 이러한 서민 주거 시설을 이용해야 할 많은 사람의 수요를 채우기에는 태부족이었다. 더군다나 지어진 지 오래된 공공주택 거주민들은 건물의 관리 소홀과 시설 노후화로 매우 열악한 여건에 노출되어 있다. 뉴욕의 할렘가(Harlem street) 수준은 아니지만 슬럼화가 우려되는 지역도 적지 않다.

공공임대주택을 지어서 공급하는 정책은 도시 빈곤층이나 서민의 주거 안정에 어느 정도 역할을 했다. 하지만 여러 문제점을 안고 있기 때문에 좀 더 효과적인 대책이 필요하다. 더욱이, 집주인들이 전세보다는 반전세나 월세를 선호하는 세태를 감안한 근본적인 대책이 요구되는 시점이다.

그동안 내 집 마련의 종잣돈으로 여겨졌던 전세금과 전세 제도는 그동안의 저금리 기조와 임대차 3법 시행에 따른 집주인의 월세 선호가 결합되어 급속히 월세화되어가는 추세다. 계약갱신청구권과 전월세상한제가 도입된 2020년 7월 말 이후 1년간 서울의 월세 비중이 7%P나 급증하여 전체 임대차 거래의 35%나 되었다. 이 경우 현실적으로 효과적인 정책은 빈곤층이나 저소득층의 지불 능력을 높여주는 것이다. 다시 말해 문제의 핵심이 서민층의 '낮은 소득 수준'에 따른 지불 능력 부족에 있다는 시각이 필요하다.

대안 중 하나는 소득이 낮은 세입자에게 현금성의 주거 비용을 직접 보조하는, 이른바 주택임대료 지원 제도다. 예컨대 지원해야 할 저소득층을 잘 선별해서 가계 소득의 일정 부분(예컨대 40% 내외)을 초과하는 임차료(월세)를 정부에서 임차 보조금으로 지급하는 방안이다. 그렇게 하면 저소득층은 보조금과 자기 소득의 일부를 갖고 정부가 제시하는 적정 수준의 집을 골라서 임차할 수 있게 된다.

저소득 임차인의 임차료를 보조하는 형태의 이와 같은 주택 정책에는 여러 장점이 있다. 공공주택의 공급자(한국토지주택공사, 민간건설회사)에게 주택건설 비용을 지원해 오던 기존의 공급자 지원 정책의 여러 문제점을 해소할 수 있다. 또한 저소득층의 임대료 부담을 낮출 뿐만 아니라, 임차인이 살고 싶은 지역이나 주택 형태를 스스로 선택할 수 있게 함으로써 주거 만족도도 높아질 수 있다.

이러한 임차보조금 제도는 미국 등 선진국에서 주택 바우처(housing voucher program)라는 이름으로 이미 오래전부터 시행되어 오고 있다.

바우처(voucher)란 원래 정부가 지불을 보증하는 일종의 전표(錢票)다. 일정한 자격을 갖춘 특정한 계층에 지급하게 되며, 받는 사람의 소득 수준이 중요한 기준으로 사용된다. 바우처 제도는 특정한 재화나 서비스를 구입할 수 있도록 구매력을 높여주는 소득 지원의 한 형태로 사용되기도 한다.[10]

---

10) 위에서 말한 주택 바우처 외에도, 저소득자에게 전기료를 보조하는 에너지 바우처, 여행 경비를

캘리포니아주립대 대학원에서 부동산도시계획학을 공부할 때 저자는 이 제도에 심취한 적이 있다. 당시 주택 바우처 제도를 포함한 여러 주택 정책을 어떻게 하면 한국에 적용할 수 있을지에 관해 지도교수와 함께 고민하면서 연구도 했다. 아무튼 미국에서는 이 제도가 소득이 낮은 서민의 주거 안정에 상당히 기여했다고 평가받는다.

국내에서도 이와 유사한 제도가 부분적으로 시행되었다. 지난 2010년 서울시에서 시범적으로 운영되었고, 중앙정부 차원에서는 시행 방법과 시기를 저울질하다가 2015년 7월부터 '저소득층 월세 지원 주거 급여(주택 바우처) 제도'라는 형태로 본격적으로 시행되었다. 당초 2014년 10월부터 시행될 계획이었으나 '국민기초 생활 보장법' 개정안이 늦깎이로 통과돼 시행이 늦어진 것이다.

이 제도는 대상자 가계 소득의 일정 부분을 초과하는 임차료를 지원하는 미국식이 아니라 지역, 가구원 수 등을 기준으로 정해놓은 금액을 매월 지원하는 형태다. (2020년부터는 중위소득 45% 이하, 3인 가구 기준으로 월 소득이 174만 원 이하인 경우 지원 자격이 되며, 최소 10만 원에서 최대 41만 원까지 월세를 지원받을 수 있다). 이 제도가 시행되면서 2021년 기준으로 128만 가구의 저소득층이 주거 급여 지원 혜택을 보게 되었다.

정부에서 일정 부분 보조해주는 여행 바우처, 지자체에서 스포츠센터 이용 경비를 보조하는 스포츠 바우처, 아동인지 능력 향상 서비스라는 이름으로 제공되는 아동 바우처 등 여러 형태의 바우처 제도가 여러 나라에서 시행되고 있다. 참고로, 미국은 미국연방주택법(National Housing Act, 1937) 제정 이후 서민을 위한 여러 주택 정책을 펴왔는데, 그 중 대표적인 것이 지방 정부와 지역사회 중심의 이른바 '수요자 지원 정책'이다. 이 정책은 저소득 서민의 임대료 부담을 낮추고, 주거 여건을 개선하였으며, 임차인의 선택 폭을 넓혀주는 등의 효과를 얻기도 했으나 한편으로 시장 임대료가 상승하고 수혜자의 도덕적 해이와 상당한 행정 비용이 드는 등 문제점도 지적되고 있는 실정이다. 전세 대란의 소용돌이 속에서 어려움을 겪고 있는 우리나라 저소득 서민층의 주거 안정을 위해 미국의 주택 정책의 역사를 비추어서 살펴볼 필요가 있겠다.

하지만 이 제도가 국내에 정착되기까지는 여러 난관이 있다. 단지 월세 주거비 중 일부분만 급여 형태로 보조함으로써 주거안정에 도움은 되지만 미국 식의 소득 수준에 따른 차등 지원이 아니어서 빈곤층의 주거 비용 해소에는 한계가 있다. 무엇보다 월 단위 임차금을 일부 보조하는 형태의 주택 바우처 제도를 일시불의 목돈이 요구되는 전세 제도에는 적용 자체가 곤란하다는 점이다. 우리나라는 전세가 여전히 대세이며, 빈곤층도 내집 마련의 밑천이라는 생각으로 전세를 드는 경우가 많다. 월세만 지원하는 현행 제도라면 전세입자는 주택 바우처의 혜택을 볼 수 없는 문제가 있다.

또 다른 문제는, 저소득 빈곤층의 소득원을 투명하게 알 수 없으면 제도 시행에 어려움이 따른다는 점이다. 소득세를 한 푼도 내지 않을 뿐 아니라 각종 정부의 복지 지원 제도를 악용하는 부자들이 건재하는 현실에서는 주택 바우처가 또 다른 사회 문제가 될 수도 있을 것이다.

무엇보다 제도의 안착을 위한 정부의 장기적 예산 확보가 전제돼야 한다.

하지만 기존 공공주택정책의 문제점 해소를 위한 대안이 절실한 실정이고, 이미 선진국에서 서민의 주거 안정에 일조하고 있는 점을 볼 때 서민의 주거 비용을 지원하는 주택 바우처 제도가 잘 시행되어 주된 서민을 위한 주거 정책의 하나로 자리 잡도록 하는 것이 바람직하다. 특히 전세의 보증부 월세 내지 월세 전환 비율이 높아지고 소득 입증 체계가 정착되어 가는 등 제도 안착의 여건이 마련되고 있다고 하겠다. 예산의 문제는 2013년에는 5천 7백억 원, 2014년에는 7천 3백억 원 수준밖에 안 되었지만 매년 꾸준히 늘어나 2021 년에는 국고와 지방비를 합쳐 2조 4천억 원까지 증액되었다고 하니 다행이다. 그래도 부족한 부분은 기존의 공공임대주택 예산의 전용을 통해서도 가능하다고 본다.

주거 행복권과 주거 복지

주거 문제는 생존과 인간다운 삶을 위한 필수 요건일 뿐 아니라 가족의 유지와 지역 사회를 구성하는 사회 통합적 의미가 있다. 우리는 그동안 성장 위주의 경제·사회적 목표 아래, 세계 10위권의 경제력을 보유할 정도로 이른바 한강의 기적을 이루었다. 주거 문제 해결을 위한 주택의 공급량도 크게 늘어 수도권을 제외한 주택보급률이 일찌감치 100%가 넘었다. 하지만 윤택한 경제 생활의 바탕이면서 사회의 안정을 위한 주거 생활의 질적인 측면에 관해서는 상대적으로 관심이 크지 않았다.

그동안 주거 문제는 주로 주택의 공급에 초점이 맞춰졌다. 경기 부양을 위한 부동산 활성화와 투기 억제 수단으로서의 부동산 대책이 주기적으로 반복되는 양상이었다. 한편으로, 주로 서민과 빈곤층 대상의 보편적 주거 복지를 위한 목소리도 정책에 반영되기도 했다. 하지만 언제부턴가 쾌적하고 안정적인 주거 환경에서 살 권리에 관한 관심이 높아졌다. 이는 '적절한 주택과 서비스는 기본적 인권'이라는 1976년의 밴쿠버 선언에서의 주거권이 그 바탕이다.

우리나라도 이러한 주거권의 실현을 위한 초석이 이미 마련되어 있다. 국민의 주거권을 분명히 규정하고 국가가 담당해야 할 주거 정책의 기본 원칙이 제시된 '주거기본법'이 지난 2015년에 제정되었다. 그에 따라 국민의 주거권이 기본적 인권의 하나로 인식되기 시작한 것이다.

이러한 변화는 사실 국민의 주거 안정 중심의 주거복지체계 구축이라는 시대적 사명이 반영된 것이다. 경제적 관점의 주택 문제나 부동산 문제와 더불어서 사회적 측면에서의 주거 복지 문제를 통합적으로 정책 대상화함으로써 새로운 주거 정책의 영역을 설정한 것으로 볼 수 있겠다. 무엇보다도 우리 헌법이 부여한 국민의 기본적 권리로서 주거권 개념을 명확히 한 측면이 중요한 의미를 갖는다.

하지만 풀어가야 할 숙제가 만만치 않다. 정부로서는 주택의 문제를 경기 부양이나 투기 조절의 수단으로 활용해온 관행을 내려놓기가 쉽지 않을 것이다. 주택 정책을 주거 정책으로 전환하는 과정에서 부작용이 나타날 수도 있다. 국민 주거 수준의 지표로 활용되어온 최저 주거 기준에 더하여, '1인 가구는 방 2개와 부엌이 딸린 33㎡ 규모'라는 보다 높은 수준의 유도주거기준이라는 제도까지 도입하고자 했지만 실질적 효과를 얻을 묘안은 앞으로의 과제다. 덧붙여서 이미 법으로 마련되어 있는 최저주거기준에 미달하는 주택들이 많아지고 있지만 정부에서는 제재는 하지 않고 묵인하고 있는 실정이다. 현실적으로 신혼부부 다가구매입임대주택 등 공공임대주택의 상당 부분이 이러한 최저 주거 기준에 미치지 못하고 있다.

전월세상한제 도입 등에서 보듯이 정치권과 시민 단체의 주거 복지를 바라보는 진영 간 이념적 견해 차도 여전하다. 매년 실시하는 주거 실태 조사의 경우도 중앙정부와 지자체의 중복 조사와 부족한 예산의 문제가 당분간 해소될 것 같지 않다.

전세난과 같은 특히 서민층의 주거 불안 요인들까지 산재해 있어 이러한 문제들을 단기간에 해결하기는 결코 쉽지 않을 것이다. 그렇더라도, 주거기본법 제정이라는 첫 단추가 꿰어졌으니, 장기적인 관점에서 점진적으로 개선해나가면 된다. 정부는 주거 빈곤자를 위한 주택의 적정한 공급과 관리를 해 나가되 시장 원리에 기초하여 민간의 역량을 배려하면 된다. 이를 위해 필요한 예산의 증액이나 관계 법령의 제·개정 시 정치권의 지속적인 관심과 협조가 무엇보다 절실한 시점이다.

이종인 李種仁

서울대학교(임산공학·농경제학)를 졸업하고 연세대학교에서 경제학 석사, 캘리포니아 주립대학교에서 부동산도시계획학 석사, 서울시립대학교에서 경제학 박사학위를 취득했다.

한국소비자(보호)원 정책연구실에서 연구위원을 역임했고, 2010년부터는 여의도연구원 수석연구위원(경제정책2실장)으로 재직 중이다.

University of California (Berkeley)의 로스쿨과 동 대학의 동아시아연구소 및 히토쓰바시(一橋) 대학에서 객원연구원을 역임했고, 국회의 국제경쟁력강화 및 제도개선특별위원회에서 연구원으로 활동했다.

서울시립대학교, 인하대학교, 강원대학교, 명지대학교, 건국대학교 등에서 경제학과 법경제학, 소비자 경제학 강의를 담당해왔다.

『헤럴드경제』, 『오피니언타임스』, 『뉴스더원』 등의 전문가 칼럼니스트 활동을 하고 있다.

이메일 jongin_lee@yahoo.com, jongilee@caroline.edu

저서

『법경제학』(주해 역저, Cooter & Ulen, 비봉출판사, 2000)

『제조물책임과 제품안전성의 법경제학』(학술정보, 2006)

『불법행위법의 경제학』(도서출판 한울, 2010)

『소비자의 시선으로 시장경제를 바라보다』(이담북스, 2011)

『세상을 바꿀 행복한 소비자』(이담북스, 2012)

『범죄와 형벌의 법경제학』(도서출판 한울, 2013)

『소비자와 글로벌마켓 중심의 시장경제』(공저, 박영사, 2014)

『당신이 소비자라면』(이담북스, 2015)

『경쟁정책과 소비자후생』(법영사, 2015)

『소비자 중시의 시장경제론』(박영사, 2020)

※ 소비자 정책, 법경제학, 민생경제에 관한 다수의 논문과 연구보고서, 칼럼과 비평이 있다.

대한민국
부동산 정책의
현주소와
정책 해결책

집값
올리기가 젤
쉬웠어요!

초판인쇄   2021년 10월 22일
초판발행   2021년 10월 22일

지은이   이종인
펴낸이   채종준
펴낸곳   한국학술정보㈜
주소   경기도 파주시 회동길 230(문발동)
전화   031) 908-3181(대표)
팩스   031) 908-3189
홈페이지   http://ebook.kstudy.com
전자우편   출판사업부   publish@kstudy.com
등록   제일산-115호(2000. 6. 19)

ISBN   979-11-6801-162-5   13320